Holger Rüdel

ZEITENWENDE

Holger Rüdel

ZEITENWENDE

Die Fischer vom Holm in Schleswig an der Schlei

Wachholtz

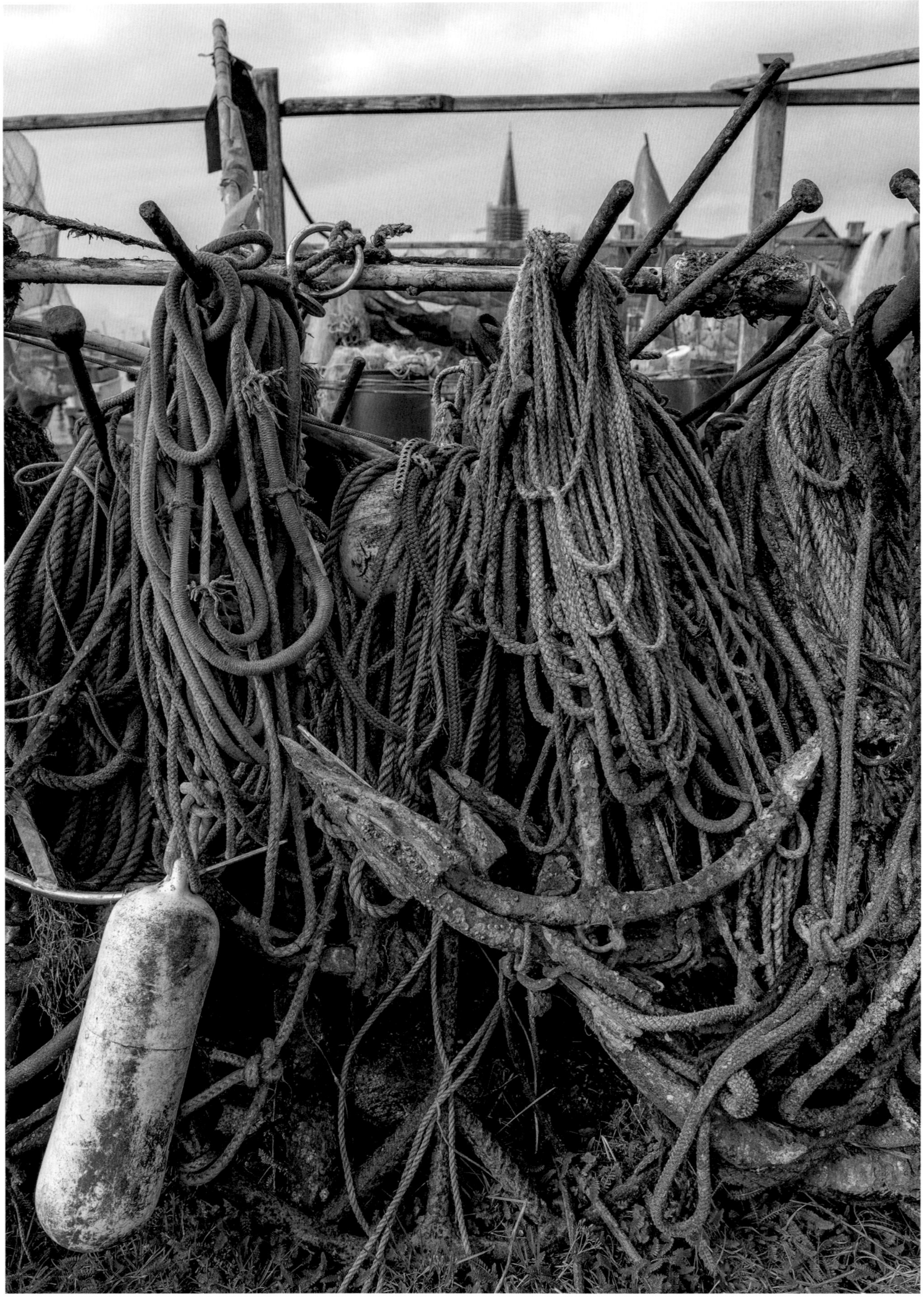

INHALT

GELEITWORT 6
Oliver Stolz, Präsident des Sparkassen- und Giroverbandes
für Schleswig-Holstein

VORWORT 8
Jan Philipp Albrecht, Umwelt- und Fischereiminister des Landes
Schleswig-Holstein

DIE GESCHICHTE DER SCHLEI 12
Svend Duggen

DER HOLM UND DIE HOLMER – EINST UND JETZT 20
Anke Carstens-Richter

DER HOLM ALS FISCHERQUARTIER 32

IM FRÜHJAHR AUF DER SCHLEI 46

JAGD AUF AALE 60

INVASION DER KORMORANE, RIPPENQUALLEN
UND SCHWARZMUNDGRUNDELN 76

FISCHFANG IM HERBST UND WINTER 86

DIE FISCHERFAMILIE ROSS 106

JÖRG NADLER – DER HISTORISCHE FISCHER 126

NACHWORT 134
Holger Rüdel

BIOGRAPHISCHE ANGABEN 136

FÖRDERER 138

Impressum 139

GELEITWORT

Schleswig-Holstein definiert sich über das Element Wasser. Ob Flüsse wie Arlau, Eider, Pinnau, Schwentine, Trave oder Treene, ob Kanäle wie Elbe-Lübeck-Kanal (ELK), der historische Stecknitz- oder der das Bundesland durchschneidende moderne Nord-Ostsee-Kanal (NOK). Stadtgewässer wie der »Kleine Kiel« oder die Wakenitz, »Grachten« in Friedrichstadt, Flethe wie in Glückstadt.

Ob Meeresgestade mit Stränden, Buchten, Deichen und Steilufern an Ost- wie Nordseeküste, ob Inseln von Fehmarn bis Sylt und Helgoland. Ob Binnenseen wie Plöner, Ratzeburger, Westen- oder Wittensee. Ob Gräben und Siele in den Kögen Nordfrieslands. Wasser umgibt uns, selbst bis hin zur Grenze nach Hamburg und Niedersachsen: am großen Strom der Elbe.

Holger Rüdel, pensionierter Schleswiger Museums- und Kulturamtsleiter, Fotograf von Beruf und aus Leidenschaft, langjähriger Kurator zahlreicher hochrangiger Fotopräsentationen in Museen, Stiftungen und Sparkassen, hat das Gewässer vor seiner eigenen Nase und Haustür erkundet: in Selk, am Rande des Noores von Haithabu, dicht bei Schleswig. Einen der dieses Land stark zergliedernden und historisch prägenden Meeresarme, die Schlei.

Die Schlei bot seit geschichtlichen Zeiten bedeutende Siedlungsplätze: Haithabu bei Schleswig ist einer der wichtigsten wikingerzeitlichen Lokationen des Nordes. Sliasthorp, Vorgängerin des heutigen Schleswigs, war ein früher Bischofs- und späterer Herzogssitz. Der dortige Schleswiger »Holm«, ursprünglich eine wasserumstandene kleine außerstädtische Siedlung, war ein früher in sich geschlossener Ort mit Schwerpunkt Fischerei.

Das heutige Fischereigewerbe ist nur noch in wenigen Häusern des Holm ansässig: Rüdel hat einen klugen, fotografischen Blick, der nicht nur die Schönheit und Ästhetik von Holm und Schlei abbildet, sondern Einblicke gibt in die Not und Mühen des jetzigen Zustandes. Der Niedergang der Schlei-Fischerei hat nicht nur zu tun mit dem Unwillen des Nachwuchses, das elterliche Gewerbe weiter zu führen. Sondern auch mit den heutigen Konditionen, den Markt(un)gewissheiten, dem ökologischen Zustand des sensiblen Gewässers. Dem Rückgang an fisch- und essbaren Meeresbewohnern, bis hin zum Futterneid der Kormoranschwärme. Zwei Texte geben Einblicke in diese Themen: Anke Carstens-Richter mit einer Beschreibung über die Historie, die Sitten und Gebräuche am Schleswiger Holm, Svend Duggen über die ökologischen und geographischen Besonderheiten und Entwicklungen am Meeresarm.

Die Publikation begleitet Ausstellungen (in Schwarz-Weiß und Farbe) an mehreren Standorten, die der Fotoclub Schleswig als Partner der Sparkassenstiftung mit realisierte. Dieser Band liefert somit einen fundierten und zugleich komprimierten Hinweis auf die »Zeitenwende«, auf mögliche wie auf wohl irreversible, unvermeidliche Änderungen an der Schlei.

Zu danken haben wir vielen, die das Vorhaben begleiteten und realisierten: dem Schirmherrn, Minister Jan Philipp Albrecht (Kiel), der LAG AktivRegion Schlei-Ostsee (Böklund), dem Landesamt für Landwirtschaft, Umwelt und ländliche Räume in Flintbek (LLUR-SH), der Stiftung »Legat Sonntag« bei der Stadt Schleswig, der Kulturstiftung des Kreises Schleswig-Flensburg (Schleswig), der Nord-Ostsee Sparkasse in Flensburg (Nospa), dem Verein Fotoclub Schleswig (Schleswig), den beiden Textautoren, Frau Dr. Anke Carstens-Richter (Schleswig) und Dr. Svend Duggen (Fahrdorf) sowie dem Wachholtz Verlag (Kiel).

Und – last but not least: dem Initiator und Fotografen dieses Bandes, der – allen Wetterunbilden und frühzeitigen Schlei-Exkursionen zum Trotze – die Grundlage für die Ausstellungen und den schönen, instruktiven Begleitband bot: Dr. Holger Rüdel (Selk).

Ich freue mich, dass über unsere Sparkassenstiftung Schleswig-Holstein dieses vielfältige Engagement koordiniert und zu einem guten Abschluss gebracht werden konnte. Die Bilder sind ein Genuss, und die mitgelieferten Instruktionen zeigen, wie uns Umgebung und Natur prägten und wir uns in ihnen ändern und anpassen müssen.

Oliver Stolz
Präsident des Sparkassen- und Giroverbandes für Schleswig-Holstein
Vorsitzender des Stiftungsrates der Sparkassenstiftung Schleswig-Holstein
Kiel

VORWORT

Es vergeht kein Tag, an dem wir uns im Umweltministerium nicht mit den vielen Facetten der Fischerei im Land beschäftigen. Im Kern geht es immer darum, ein Gleichgewicht zwischen den natürlichen Lebensgrundlagen und den Nutzungsinteressen zu erreichen. Es geht um Fischfangquoten, um Wasserqualität. Um Ökosysteme und um Artenschutz. Wir wissen, dass in den Schleihäfen derzeit 96 Fischereifahrzeuge registriert sind. Wir wissen, dass die wirtschaftlich wichtigsten Fischarten in der Schlei Aal, Scholle, Dorsch, Barsch, Plötze und Hering sind. Und wir stellen fest, dass sich die Fänge und Erlöse auf der Schlei in den vergangenen zehn Jahren sehr positiv entwickelt haben: So konnten im Jahr 2019 rund 222 Tonnen Fisch gefangen und Erlöse in Höhe von 480 000 Euro erzielt werden.

Doch im Kern geht es immer auch um Menschen. Um die Fischer, jene Protagonisten dieses einzigartigen Berufs. Um ihre Traditionen. Um ihre Geschichte. Um ihre Sorgen. Und um all das, was sich jenseits von Zahlen, Fakten und Statistiken ereignet: ihr Erfahrungsschatz, ihre Emotionen, ihr fest verankertes Berufsverständnis und ihr enormes Wissen um all das, was Schleswig-Holstein als Land zwischen den Meeren ausmacht. Und weil das so ist, sind unsere Fachleute und auch ich als Minister regelmäßig vor Ort mit jenen im Austausch, auf die es ankommt. Wenn ich mit zum Fischen fahre – raus auf See –, empfinde ich das immer als sehr wertvollen Moment. Echt. Ungeschönt. Authentisch. Die routinierte, aber auch herausfordernde Arbeit der Fischer habe ich kennen- und schätzen gelernt. Das Gefühl, allein draußen in der Natur zu arbeiten und eine ganz eigene Bindung zum Wasser zu bekommen, finde ich sehr besonders. Beim Klönschnack an Bord kommt so manches auf den Tisch, was sich in keiner Akte finden lässt. Und für mich ist es immer auch eine Reise zurück in die Kindheit.

Schon als kleiner Junge habe ich zahlreiche Urlaube auf Nordseeinseln verbracht. Wenn am Festland die dicken Taue gelöst wurden, bedeutete das für mich mehr als nur den Beginn einer Schifffahrt. Mit der Fähre setzte ich schon damals in eine andere Welt über. Ich winkte den vorbeiziehenden Kuttern und Segelbooten zu. Ich sah dem klein und kleiner werdenden Ufer nach – und dem groß und größer werdenden Ziel entgegen. Diese Magie begleitet mich bis heute. Ich spüre sie jedes Mal, wenn ein Schiff übers Wasser gleitet, ich an Bord mit den Wellen schunkeln und schaukeln kann und die Welt vorm Bug weit wird.

Dass ich Schirmherr dieses ganz besonderen Projekts sein darf, ist mir daher als Fischerei- und Umweltminister nicht nur fachlich und politisch eine große Ehre. Es bedeutet mir auch persönlich sehr viel. Denn als ich die einzigartigen Fotografien von Holger Rüdel zum ersten Mal betrachtet habe, spürte ich sie sogleich wieder: diese Magie. Jenen Zauber des Meeres, der Fischerei und der Schiffe, der mich schon als Kind ergriffen hat. Es mag an der dokumentarischen Lesart des Fotografen liegen, die mich direkt über die Schulter eines Fischers spähen lässt. Ich bin nicht nur nah dran. Ich bin plötzlich mittendrin im Universum von »Moby Dick«. Etwas Märchenhaftes, gar Historisches rinnt aus den Schwarz-Weiß-Fotografien. Sie entführen in eine Welt voller Traditionen und Bräuche.

Das Fotoprojekt »Zeitenwende« ist ein kulturhistorischer Schatz – und ein überaus ästhetischer dazu. Das liegt an der Bedeutung des Sujets: der Fischereizunft an der Schlei und deren einmaliger Geschichte. Holger Rüdel erzählt sie uns in seinen ruhigen Bildern, in durchdachten und stimmigen Kompositionen – und mit einem Auge für die Stille. Das Gefühl, das die Fischer beim Alleinsein auf dem Meer genießen, überträgt sich schnell auf die Betrachter. Wir sehen das Spiel von Wellen und Wolken. Wir schauen in die konzentrierten Gesichter der Fischer. Wir blicken auf die unverwechselbare Natur an der Schlei, etwa am Haddebyer Noor. Für mich ist die Schleiregion einer der schönsten Naturräume Europas. Ich fühle mich verbunden mit diesem Flecken Erde – egal, ob ich von der »Hein-Haddeby« den Blick über Schleswig und das Weltkulturerbe Haithabu schweifen lasse, ob ich mit der Familie am Steg in Thumby spazieren gehe oder den Fischern im Hafen von Maasholm zuschaue. Bei der Fotoreportage sind wir nah, sehr nah dran an diesem Gefühl. Holger Rüdel schenkt uns Einblicke, die uns Fischer nicht alle Tage gewähren. Kommen Sie an Bord und lassen Sie sich von den Gesichtern und Geschichten der Schleifischerei faszinieren.

Jan Philipp Albrecht
Minister für Energiewende, Landwirtschaft, Umwelt, Natur und Digitalisierung
des Landes Schleswig-Holstein

FLENSBURG

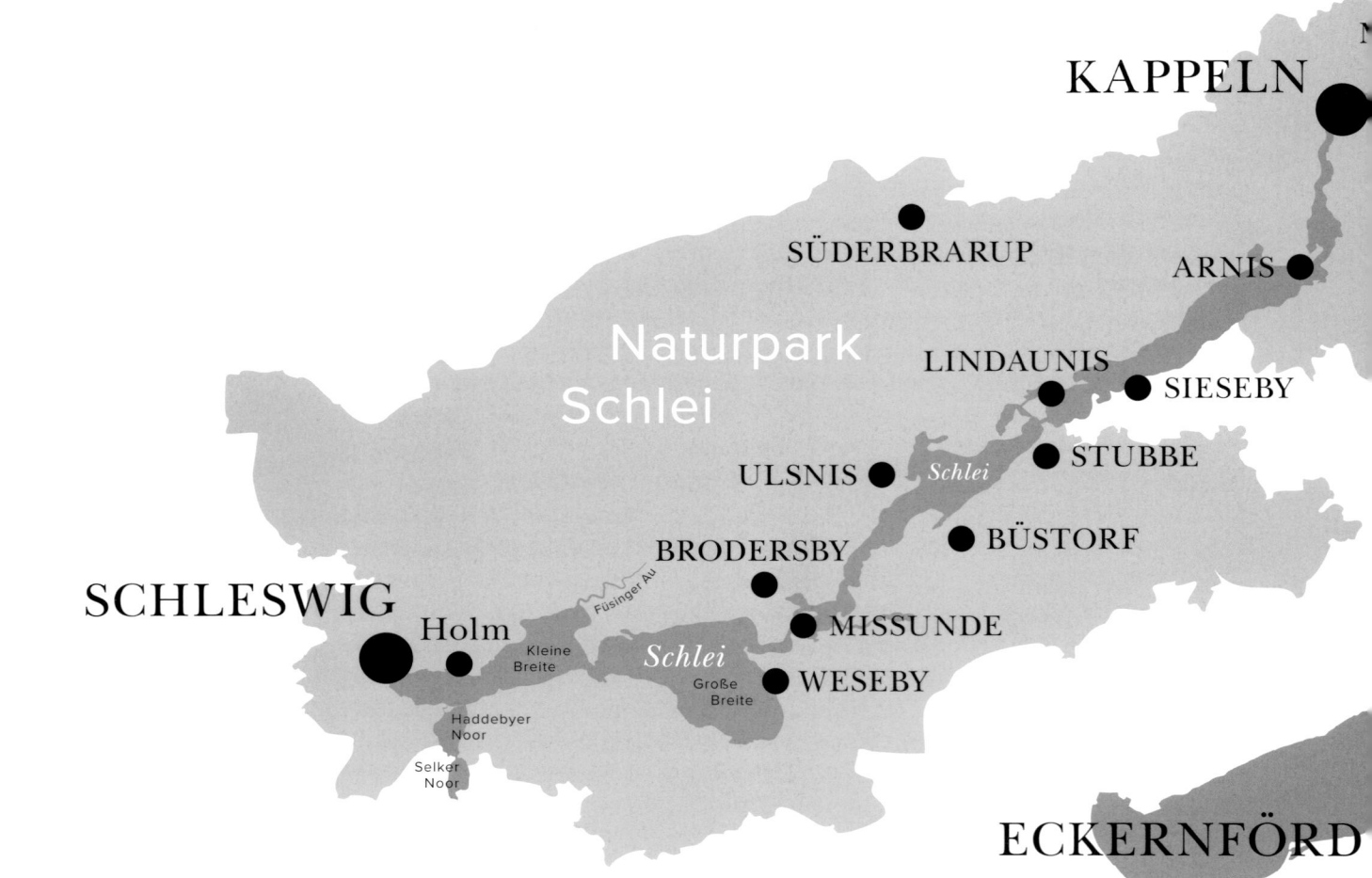

KAPPELN

SÜDERBRARUP

ARNIS

Naturpark
Schlei

LINDAUNIS
SIESEBY

ULSNIS *Schlei* STUBBE

BRODERSBY

BÜSTORF

SCHLESWIG Holm
Füsinger Au
Kleine Breite
MISSUNDE
Schlei
Große Breite
WESEBY

Haddebyer Noor

Selker Noor

ECKERNFÖRD

SHOLM
Schlei
SCHLEIMÜNDE
OLPENITZ

Ostsee

KIEL

Die Schlei bei Missunde. Hier ist die engste Stelle des Gewässers. Der Blick bei dieser Luftaufnahme ist gen Osten gerichtet.

DIE GESCHICHTE DER SCHLEI

Prolog

Klimaveränderung und Mensch sind Hauptzutaten einer bewegten Historie. Mächtige skandinavische Eismassen bedeckten während der letzten Vereisungsphase flächenhaft die Region. Landeinwärts gerichtete Eisbewegung und Schmelzwasser formten Vertiefungen, die beim nacheiszeitlichen Meeresspiegelanstieg überflutet wurden. Der Mensch besiedelte das Gebiet, formte die Landschaft um und beeinflusste zunehmend den Zustand des Gewässers. Seit Ankunft der ersten Menschen war Fisch eine wichtige Nahrungsgrundlage.

Entstehung

Der maximale Vorstoß der Eismassen erfolgte vor etwa 18500 bis 17000 Jahren. Hohe Endmoränenzüge begrenzten westwärts die Becken der inneren Schlei, die geologisch gesehen eine Fortsetzung der Eckernförder Bucht war. Mit dem Abklingen der Kaltzeit gab das Eis zunächst das innere Drittel der Schlei frei. Darin staute sich, eingerahmt von höherliegenden Moränenzügen und dem Eisrand im Osten, vor etwa 15000 bis 13000 Jahren Schmelzwasser auf. Bändertone, eine Wechsellagerung zwischen hellen und dunklen Tonlagen, zeugen davon, dass der Wasserstand rund 10 Meter höher lag als der heutige Meeresspiegel. Es entstand ein großer Eisstausee; eine Art Proto-Schlei.

Nacheiszeitlich entleerte sich der Eisstausee, und die Schlei-Rinne verwandelte sich über Jahrtausende in eine bewaldete Tallandschaft mit Auen, Seen und Mooren. Jungsteinzeitliche Fischer konnten in dieser Landschaft Süßwasserfische fangen. Untersuchungen von Bohrkernen zeigen, dass im Zuge des nacheiszeitlichen Anstiegs des globalen Meeresspiegels und regionaler Landsenkung vor etwa 4500 Jahren bei Sturmfluten die ersten Salzwassermassen aus der Ostsee einbrachen. Dauerhaft überflutet wurde die Schlei-Rinne erst vor etwa 3000 bis 2500 Jahren. Dies ist die Geburtsstunde des größten Brackwasserkörpers Schleswig-Holsteins, der mit etwa 45 Kilometern tief ins Landesinnere hineinreicht. Seither konnten Fischer auch die marinen Fischarten des Ostseeraums fangen, die bis in die entlegensten Winkel des Gewässers vordrangen.

Durch die Verbindung mit der Ostsee ist die Schlei ein inneres Küstengewässer. Der Begriff Fjord, entliehen aus dem Skandinavischen, bedeutet hier Förde. Förden kommen weit verbreitet im Ostseeraum vor und wurden durch landeinwärts gerichtete Bewegungen von Eismassen und Schmelzwasser gebildet. Geologisch gesehen ist die Schlei daher kein echter Fjord, wie sie in Gebirgen, beispielsweise in Norwegen und Schottland, vorkommen.

Ursprünglich ein Gewässer mit einzigartiger Flora und Fauna

Bestehend aus seenartigen Erweiterungen, schmalen Engstellen und randlichen Nooren, ist die Schlei in ihrem heutigen Zustand eingebettet in eine eiszeitlich geprägte und nordisch anmutende Moränenlandschaft. Das Gewässer ist mit einer durchschnittlichen Tiefe von etwa 2,5 Metern relativ flach und ermöglicht eine Fischerei mit Reusen, Stellnetzen und Wadenzügen. Eine ungewöhnlich langgestreckte Zone mit fallendem Salzgehalt ist Grundlage für eine einzigartige und vielfältige Vergesellschaftung von Unterwasserflora und Gewässerfauna.

Ansonsten in Seen und Auen lebende Organismen können gleichzeitig mit marinen Pflanzen und Tieren vorkommen. Ihr jeweiliges Vordringen ist ursprünglich vorwiegend vom Salzgehalt bestimmt worden. Ostseefische wie Butt, Hering, Lachs, Makrele, Meerforelle, Schnäpel und Stör treffen auf typische Fische der Seen und Auen, wie die Aale, Barsche, Hechte, Karpfenartige und Zander. Der Fischreichtum der Schlei ist bis zu Beginn des 20. Jahrhunderts über die Region hinaus gerühmt worden. Sogar Fischotter, Tümmler und Seehunde können bis weit in die Schlei hinein zu Besuch gekommen, beäugt von Beute suchenden Seeadlern.

Trotz der Entfernung zur offenen Ostseeküste ist der Einfluss der Ostsee bis Schleswig spürbar und verleiht der ehemaligen Landeshauptstadt ein marines Flair. Besonders deutlich wird dies bei tobenden Sturmfluten, wenn Hochwasser nach der Fischersiedlung am Holm zu greifen droht.

Am Südufer der Schlei, zwischen Büstorf und Gut Stubbe, führt ein Wanderweg an einem wildromantischen Küstenabschnitt des Ostsee-Meeresarmes vorbei.

Umweltkatastrophe durch Nährstoffbelastung

Mit Beginn des 20. Jahrhunderts zogen nie dagewesene, düstere Wolken auf, und Schatten legten sich über den Grund der Schlei. Niemals zuvor vollzogen sich die Veränderungen der Landschaft und des Gewässers derart schnell. Das Anthropozän – das Zeitalter, in dem der Mensch eine der wichtigsten Einflussgrößen auf der Erde wurde – hinterließ auch an den entlegensten Winkeln der Schlei seine Spuren: Im Zuge des Bevölkerungswachstums, der Urbanisierung, Waldrodung und Intensivierung der Landwirtschaft wurde die Schlei-Region sowohl land- als auch gewässerseitig zunehmend vom Menschen beeinflusst. Es ging um Überleben und Wohlstand.

Im Laufe des 20. Jahrhunderts verschlechterte sich der ökologische Zustand der Schlei und ihres Einzugsgebietes deutlich. Im Gewässer wichen viele Arten zurück oder verschwanden ganz. Denn zusätzlich zum Salzgehalt beeinflusste die Eutrophierung, eine zunehmende Nährstoffbelastung und ihre Folgen, die Ausbreitungsgrenzen zahlreicher Organismen. Die weit verbreitete Unterwasservegetation – in älterer Literatur als Unterwasserwälder beschrieben – ging Anfang der 1940er Jahre sprunghaft weitgehend verloren. Dichte Bestände von Laichkrautgewächsen, Armleuchteralgen, Blasentang und Seegras bildeten bis dahin je nach Salzgehalt entlang der Schlei fruchtbare Habitate für Tiere, Insekten und Laichgebiete für Fische.

Zunehmend breiteten sich flächenhaft Ablagerungen von Faulschlamm bzw. Halbfaulschlamm aus und erstickten weitflächig eine individuen- und artenreiche Bodenfauna, darunter Muschelkrebse, die Nährtiere für Fische darbot. Marine Muscheln, wie die weißgelbliche Sandklaffmuschel, die rötliche Baltische Plattmuschel, die dunkle Miesmuschel sowie die an Brackwasser angepasste Lagunenherzmuschel wichen im Laufe des 20. Jahrhunderts bis in die mittlere Schlei zurück; die Wandermuschel verschwand sogar gänzlich aus dem innersten Schleibereich. Auch die Fischerei litt unter den Veränderungen; Sauerstoffschwund verursachte episodisch in den Sommermonaten Fischsterben, und manche Fischarten der Ostsee drangen nicht mehr bis in die innere Schlei vor.

Die einstige Illusion der unendlichen Selbstheilungskraft der Ökosysteme verblasste angesichts der raschen Zustandsänderungen und des massiven Verlustes an Biodiversität. Dies war die größte Umweltkatastrophe, die bisher in der Schlei stattgefunden hat.

Angestrebte Verbesserung des ökologischen Zustands

Die Verschlechterung des Gewässerzustands sollte aufgehalten werden. Seit Mitte des 20. Jahrhunderts bemüht man sich in der Schlei wie im gesamten Ostseeraum um die Verringerung der Nährstoffeinträge. In den letzten 20 Jahren stellten sich Erfolge ein und gaben Anlass zur Hoffnung.

Sichtbar wurde dies in der Schlei vor allem durch eine zunehmende Bestandsdichte verschiedener Organismen und am erneuten Vorrücken mariner Flora und Fauna ins Innere der Schlei: Kammlaichkraut säumt zunehmend zaghaft die Uferzonen der inneren Schlei-Becken, örtlich sogar in beeindruckend dichtem Bestand, und dämpft Wellenaktivität und Küstenerosion. In den Nooren vor der einstigen Wikingersiedlung Haithabu wurden Reliktbestände von verschwunden geglaubten Wasserpflanzen entdeckt, die einst die wichtigsten Arten der Unterwasservegetation in der inneren Schlei waren, wie Durchwachsenes Laichkraut und Baltische Armleuchteralgen. Sandklaffmuschel und Lagunenherzmuschel kommen wieder lebendig im Schlick der Uferzone bis Schleswig vor und bieten

OBEN Blick auf die Steilküste bei Weseby. Dieser Uferbereich liegt zwischen Missunde und Weseby an der Großen Breite der Schlei. Dahinter erstreckt sich ein ausgedehnter Wald. Das Kliff ist durch Erosion stark gefährdet.

UNTEN Wenige Kilometer östlich von Schleswig mündet die Füsinger Au in die Schlei.

Fischen und Wasservögeln Nahrung. Miesmuschel und brauner Blasentang sind fast bis zur Engstelle bei Missunde vorgerückt. Und manchmal fangen die Holmer Fischer vor Schleswig wieder Dorsch, Flunder, Hornhecht, Makrele, Steinbutt oder sogar Seehase. Unerwartet hat sich in den letzten Jahren der Europäische Edelkrebs in der inneren Schlei ausgebreitet. Ein Kuriosum, denn den Holmer Fischern ist der Edelkrebs als Beifang in den Netzen vor dem 21. Jahrhundert nicht bekannt.

Vieles davon ist Ausdruck dafür, dass das Gewässer seit etwa 10 bis 15 Jahren wieder besser mit Sauerstoff versorgt ist. Fischsterben durch Sauerstoffschwund tritt nur noch selten örtlich auf. Auch die aus dem 20. Jahrhundert bekannten gesundheitsgefährdenden massiven und großflächigen Blaualgenblüten bleiben aus und sind nur noch ein selteneres, meist lokales Phänomen.

Das Haddebyer Noor ist ein seeartiger Ausläufer der Schlei südlich von Schleswig. Die Luftaufnahme zeigt das Ostufer des Gewässers bei der Ortschaft Loopstedt.

Ein guter ökologischer Zustand – unerreichbar?

Trotz der Verbesserungen ist es bis zu dem guten ökologischen Zustand des 19. Jahrhunderts – ein Brackwasserökosystem mit weit verbreiteter Unterwasservegetation und ihrer Begleitfauna – ein sehr weiter Weg. Vielleicht ist die durch extreme Nährstoffbelastung verursachte Umweltkatastrophe unumkehrbar: Denn anhand der biologischen Bewertungssysteme wird der ökologische Zustand im mittleren Bereich der Schlei als mäßig, im inneren Bereich jedoch weiterhin als schlecht eingestuft.

Problematisch ist, dass zahlreiche Vorgänge in nährstoffbelasteten, planktondominierten Gewässern ohne weit verbreitete Unterwasservegetation einen schlechten ökologischen Zustand stabilisieren. Die Annäherung an einen besseren Zustand erfordert eine sehr deutliche Verringerung der landseitigen Nährstoffeinträge aus dem großen Einzugsgebiet der Schlei. Ein schwerwiegendes

Problem stellt darüber hinaus die interne Düngung mit Nährstoffen aus dem Halb- oder Vollfaulschlamm am Grund der Schlei dar, der durch 150 Jahre mit Nährstoffbelastung und Algenblüten gebildet wurde.

All dies zu überwinden ist eine große Aufgabe, die nur gesamtgesellschaftlich gelöst werden kann. Immerhin bietet die Schlei mit den Zustandsverbesserungen der letzten 15 Jahre für die Fischerei eigentlich wieder bessere oder gar gute Bedingungen, wäre da nicht das massenhafte Auftreten von Kormoranen und neu eingewanderten Organismen wie der Meerwalnuss, einer Rippenqualle.

Einfluss der Klimaveränderung

Weitere Herausforderungen stehen durch die Klimaveränderung an: Eine Verlagerung der vorherrschenden Windrichtung und ein Anstieg des Meeresspiegels führen zu Küstenerosion und zur Erhöhung des Hochwasserrisikos. In Kombination mit einer Verschiebung der saisonalen Niederschlagsraten – mehr in der kühleren und weniger in der wärmeren Jahreszeit – wird, über die Abflussraten der Auen, auch der Salzgehalt der inneren Schlei beeinflusst.

Dadurch werden Verbreitungsgrenzen verschiedener Organismen verschoben, mit sowohl erwünschten als auch unerwünschten Effekten. Erhöhte Salzgehalte fördern das Vordringen mariner Arten bis ins Schlei-Innere, darunter Ostseefisch, was der Fischerei zugutekommen kann. Aber es steigt auch das Risiko für einen Befall der hölzernen Seesperrwerk-Reste aus der Wikingerzeit – Teil des UNESCO-Welterbes »Archäologischer Grenzkomplex Haithabu und Danewerk« – durch die marine Holzbohrmuschel.

Milde winterliche Wassertemperaturen und eine eisfreie Schlei bieten Wasservögeln sogar im Winter eine gute Nahrungsgrundlage, begünstigen aber auch den Kormoranbestand und die Vermehrung der Rippenqualle, zum Leidwesen der Fischer. Wärmere sommerliche Wassertemperaturen fördern erneut Blaualgenblüten und können die sommerlichen Sauerstoffverhältnisse beeinträchtigen.

Epilog

Die Schlei ist ein dynamisches System. »Zeitenwende« im Sinne von Veränderungen ist hier Normalität, und die Geschichte des Gewässers daher vor allem eines: Es ist eine Erzählung von Wandel und Herausforderungen. Eine Geschichte des Kommens und Gehens. Und die Fischerfamilien am Holm sind mit ihrer Erfahrung, Kultur und Tradition ein lebendiger Teil davon.

Svend Duggen

Im Herbst werden vor allem Raubfische, Heringe und Flundern gefangen. Manchmal gehen auch Meerforellen ins Netz. Diese große Meerforelle hatte allerdings schon ihr buntes Laichkleid angelegt und wurde von Matthias Nanz nach dem kurzen »Fototermin« im November 2019 schonend zurückgesetzt.

Im Zentrum der Fischersiedlung Holm: der fast kreisrunde Friedhof und mittendrin die kleine Kapelle.

> Lever een lüttsche Herr
> as een grote Knecht.
>
> *Harald Ross (1940–2014),*
> *1. Ältermann der Holmer Fischerzunft von 1975 bis 2014*

DER HOLM UND DIE HOLMER – EINST UND JETZT

Bis heute hat die alte Fischersiedlung Holm an der Schlei am Rande der Stadt Schleswig ihre Einzigartigkeit bewahrt. Noch immer bildet die weißgetünchte Kapelle inmitten des fast kreisrunden Friedhofs den Mittelpunkt der Siedlung. Eingefasst wird das Gräberfeld durch eine Reihe von Linden, die alle zwei bis drei Jahre beschnitten werden, damit sie eine bestimmte Höhe nicht überschreiten. Ein gusseiserner Zaun bildet die Begrenzung zum Bürgersteig und zur kopfsteingepflasterten Straße, an der die kleinen, zumeist spitzgiebeligen Häuser dichtgedrängt nebeneinanderstehen. Früher lebten in der Süderholmstraße fast ausschließlich Fischerfamilien. Es gab aber auch Handwerker und Gewerbetreibende, denn die Bewohner konnten sich mit fast allem versorgen, was zum Leben benötigt wird, zum Beispiel in zwei Bäckereien, einem Schlachterladen und einem Milchgeschäft. In der ehemaligen Schlosserei am Eingang der Siedlung ist heute das Holm-Museum untergebracht. Noch bis in das 20. Jahrhundert hinein wurde auf dem Holm auch Bier gebraut.

Seitdem hat sich sehr viel verändert. In dem über die Grenzen Schleswigs hinaus bekannten Fischrestaurant »Schleimöwe« genießen die Gäste zwar schon seit Generationen das vielfältige Angebot an Fischgerichten, aber das ebenfalls beliebte »Holm-Café« in dem ehemaligen Schlachterladen lädt Einheimische und Touristen erst seit wenigen Jahren zu Kaffee und Kuchen ein. In drei Kunsthandwerker-Ateliers werden zudem selbst gefertigte Artikel angeboten. Im ersten gibt es aus gegerbten Fischhäuten sorgfältig gearbeitete Lederarmbänder, Schlüsselanhänger oder elegante Abendtaschen, im zweiten Glasarbeiten, zum Beispiel Vasen, Fensterbilder und mehrfarbige Fische. Und im dritten Gartendekorationen auf Metallstäben, beispielsweise Silhouetten von Segelschiffen aus Metall oder Segelboote mit bunten Glassegeln sowie Holzskulpturen aus gesammeltem Strandgut.

Hauptabnehmer sind Touristen, die im »Corona-Sommer« 2020 den Holm geradezu überflutet hatten. Ganze Busladungen wurden von Stadtführern in kurzen Abständen über den Holm geführt. Ihnen werden die Besonderheiten der einzigartigen Rundsiedlung erklärt, speziell die Entstehung der »Beliebung«, der 1650 in Zeiten der Pest nach dem Dreißigjährigen Krieg gegründeten Totengilde. Hingewiesen wird aber auch immer auf die »Klöndören«, zweigeteilte Haustüren, die im oberen Teil geöffnet werden können, damit die Bewohner sich auf den unteren Teil der Tür aufstützen und mit Nachbarn einen Klönschnack halten, also in Ruhe miteinander reden können. Und natürlich möchten die Touristen auch einen Blick auf die Schlei werfen, um dabei möglichst Fischer beim Flicken der Netze oder beim Anlanden von Fischen zu fotografieren. Beliebte

Matthias Nanz bei der Reparatur einer Reuse auf seinem Hofplatz unter den wachsamen Augen seiner Mutter Lisa Nanz. Die Reparatur der Netze und Reusen ist eine ständige Herausforderung für die Fischer vom Holm. Mit einer Netznadel werden kleine Löcher gestopft, durch die Fische sonst leicht entkommen könnten.

Motive sind aber ebenfalls die Häuser mit »Utluchten« (Erkern), Sprossenfenstern und Rosenstöcken an den Hausfronten, die größtenteils ihr Aussehen über die Jahrhunderte erhalten haben, auch wenn sie innen umgebaut und modernisiert worden sind. Damit das so bleibt, ist die gesamte Fischersiedlung 2018 vom Schleswig-Holsteinischen Landesamt für Denkmalpflege als Schutzzone, also als Denkmalbereich ausgewiesen worden.

1991 auf der Großen Breite der Schlei: Matthias Nanz (vorne) und sein Vater Adolf (Mitte) beim Einholen eines Netzes. Der dritte Fischer war ein Gast.

Erstmals urkundlich erwähnt wurde der Holm im Jahre 1309. Das aus dem Dänischen stammende Wort bedeutet »von Wasser umgeben«. Und tatsächlich hatte die Siedlung bis in die dreißiger Jahre des 20. Jahrhunderts seine Insellage behalten, bis während der Zeit des Nationalsozialismus die Wasserverbindung zwischen der Schlei und dem Holmer Noor zugeschüttet wurde, um eine Straße bauen zu können. Bis dahin gab es nur eine Brücke, die den Holm mit der Schleswiger Altstadt verband. Die Fischbrückstraße, die am Rathaus endet, erinnert noch heute an diese Situation. Statt über die Brücke führt der Weg seitdem über einen Zebrastreifen.

Die Straße war notwendig, um auf dem bis dahin unbebauten Ufergelände östlich des Holms, auf dem die Schleswiger sich während der Sommermonate regelmäßig zum Baden eingefunden hatten, die zahlreichen Kasernengebäude für den Seefliegerhorst zu bauen. Der Name »Freiheit« für das Gelände blieb trotz kompletter Einzäunung erhalten. Zu Zeiten der Bundeswehr waren bis zu ihrem Abzug 2005 die Pioniere dort stationiert. Inzwischen sind fast alle militärischen Gebäude abgerissen, und ein Teil des weiträumigen Geländes ist mit modernen Ein- und Mehrfamilienhäusern bebaut. Sogar eine nostalgisch anmutende Windmühle gibt es dort sowie ein neuzeitliches Kloster. Ein weiteres, das historische St.-Johannis-Kloster, erbaut zu Beginn des 13. Jahrhunderts, liegt idyllisch zwischen Fischersiedlung und Freiheit. Es ist heute ein adliges Damenstift.

Eine Architektur von internationalem Format entstand auf der Freiheit mit dem Bau der großzügigen A. P. Møller-Skolen (dänische Gemeinschaftsschule mit gymnasialer Oberstufe), die 2008 eröffnet wurde.

Stark verändert hat sich neben der baulichen Situation im Osten der Siedlung auch die Bevölkerungsstruktur auf dem Holm. Während es 1935 noch 76 Berufs-

OBEN Nomen est Omen: Mit diesem geschnitzten Türschild an seinem Haus in der Süderholmstraße dokumentiert Jan Lorenz Fischer seine Berufszugehörigkeit auf einen Blick.

UNTEN An der »Klöndör«: Lisa Nanz und Jan Lorenz Fischer im Gespräch.

fischer mit rund 200 Familienangehörigen gab, gehören im Jahre 2020 gerade noch acht Fischer der Zunft an, von denen aber lediglich fünf ihren Lebensunterhalt damit verdienen. Die anderen sind bereits in Rente und fahren nur noch selten zum Fischen hinaus auf die Schlei. Viele der Nachfahren der Fischerfamilien mit den Namen Nanz, Möller, Nielsky, Reincke, Witt, Wolff oder auch Fischer wichen nach dem Ende des 2. Weltkrieges in andere Berufe aus, wenn sie denn den Krieg überhaupt überlebt hatten. An jeden der Toten aus den beiden Weltkriegen erinnert gleich am Eingang des Friedhofes ein Feldstein mit seinem Namen und seinen Lebensdaten. Außerdem gemahnen zwei große Gedenksteine der Holmer Beliebung an die vielen Verluste an Menschenleben.

Einige der Zurückgekehrten arbeiteten in der nach 1945 gegründeten Zuckerfabrik – auch sie ist wie die Kasernen inzwischen stillgelegt und abgerissen worden –, andere fanden eine Anstellung bei der Stadt. Etliche Holmer der nächsten Generationen verließen die Stätte ihrer Kindheit und Jugend nach dem Abschluss der Schule, einer Ausbildung in ganz anderen Berufen als denen ihrer Vorväter oder zum Studium. Dennoch bleiben sie ihr Leben lang Mitglieder der Holmer Beliebung, kommen im Juni zum traditionellen Jahresfest zurück und haben das Recht, auf dem Friedhof ihre letzte Ruhestätte zu finden, der im Privatbesitz der Beliebung ist.

In zahlreichen der ehemaligen Häuser der Fischer und Handwerker leben nun »Neubürger«, von Angestellten über Lehrer bis hin zu Juristen und Ärzten. Sie alle mussten viel Geld für die relativ kleinen Häuser bezahlen, denn der Reiz, auf dem Holm zu leben, zumal auf der Wasserseite, hat die Preise in schwindelerregende Höhen getrieben. Außerdem sind in manchen der ehemaligen Anbauten zum Aufbewahren von Fischfanggerätschaften oder Handwerkszeug inzwischen Ferienwohnungen entstanden.

Äußerlich macht der Holm zwar einen fast unveränderten Eindruck, aber er ist kein ärmliches Fischerquartier mehr wie vor hundert Jahren, sondern längst auf dem Weg zu einer idyllisch anmutenden Touristenattraktion, in der immer mehr gut situierte Bürger die schöne Lage an der Schlei und die Nähe zur Schleswiger Altstadt zu schätzen wissen.

Die Holmer Fischerzunft

»Das Ende der Berufsfischerei ist abzusehen«, sagt der 1. Ältermann der Fischerzunft, Fischermeister Jörn Ross, bei seiner Schilderung der äußerst schwierigen Lage der letzten Holmer Fischer in Zeiten der Corona-Pandemie. Er wurde 2014 in sein Amt gewählt, nachdem sein Vater Harald Ross verstorben war. Der hatte fast genau 40 Jahre lang die Geschicke der Zunft geleitet und noch miterlebt, dass seine beiden Enkel Nils und Christian, die Söhne von Jörn und Sabine Ross, trotz aller Probleme die Familientradition fortsetzen wollten. Matthias Nanz, der vierte noch aktive Fischermeister, wird aller Voraussicht nach der letzte in einer langen Reihe von Fischern mit dem Namen Nanz sein. Jan Lorenz Fischer, 2. Ältermann der Zunft, ist bereits Rentner, fährt aber dennoch gern auf die Schlei hinaus, weil er sich auf dem Wasser am wohlsten fühlt. Kein Wunder, denn sein Vater hatte ihm bereits im Alter von 10 Jahren seinen ersten Fischerkahn geschenkt. Ebenfalls seit einigen Jahren in Rente ist Karl Wolff, genannt Kalle. Er erlernte das Fischerei-Handwerk bei seinem Vater mit demselben Vornamen, der aber »Jalle« genannt wurde. Bis heute sind etliche sogenannte »Ökelnamen« (Beinamen) auf dem Holm gebräuchlich, um die Familienmitglieder mit demselben Nachnamen voneinander zu unterscheiden, z. B. »Meister«, »Schöne«, »Stütt«, »Pati« oder »Grote« und »Lütt«. Aus gesundheitlichen Gründen kann das Zunftmitglied Ulrich Przyborowski (»Uli Prü«) schon seit einigen Jahren nicht mehr zum Fischen auf die Schlei hinausfahren.

Ein weiterer aktiver Schleifischer, Jörg Nadler, stammt nicht aus einer alteingesessenen Holmer Fischerfamilie, sondern wurde erst 2002 auf Initiative des damaligen 1. Ältermanns Harald Ross in die Zunft aufgenommen. Er hatte eine Ausbildung zum Binnenfischer im Rheinland gemacht und Schleswig und die Schlei bei mehreren Besuchen kennengelernt. Zwar ist er seitdem im Hauptberuf Schleifischer, im Nebenberuf aber Spezialist für die Fangtechniken und Fanggeräte der Fischer von der Steinzeit bis zum Anfang des 20. Jahrhunderts. Er gestaltet regelmäßig museumspädagogische Projekte im In- und Ausland und stellt Repliken von historischen Fischereigeräten für die Ausstellungen zahlreicher Museen her, deren praktischer Gebrauch von ihm vorgeführt wird. Er hat sogar einen Einbaum nachgebaut und trägt stets stilistisch passende Kleidung, die nach archäologischen Funden und historischen Originalstücken angefertigt worden ist. Dabei zeigt er etwa Fischspeere aus Holz mit Widerhaken, Harpunen mit aus Knochen geschnitzten Spitzen oder Kescher aus den verschiedenen Kulturepochen. Trotz der vorgeschriebenen Maßnahmen wie Abstandhalten und das Tragen von Masken vor Mund und Nase hat er im Sommer 2020 vor seinem Haus und in seinem Garten zum dritten Mal »Barocktage« organisiert. Dabei wurden handwerkliche Fertigkeiten aus der Zeit um 1750 vorgeführt. Einige der Mitwirkenden sind Historiker und Archäologen. Neben den Vorführungen gab es auch Mitmachangebote für Kinder. An Verkaufsständen konnten authentische Repliken barockzeitlicher Gegenstände und sogar einige gut erhaltene Originalstücke erworben werden.

Gegründet wurde die Fischerzunft 1765. Die noch aktiven fünf Mitglieder fahren nicht selten selbst bei Regen, starkem Wind oder sogar Schneefall fast täglich auf die Schlei hinaus, um im Frühjahr Heringe und im Sommer vor allem Aale, aber auch Butt, Barsche und Brassen sowie ab und zu Meerforellen und Hechte in Netzen und Reusen zu fangen. Das sind längliche, trichterförmige, an Ringen befestigte Netze, aus denen die gefangenen Fische nicht mehr herausfinden. Stint gibt es schon seit einigen Jahren nicht mehr, Schnäpel und Zander nur noch selten, nachdem die Überpopulation der Kormorane zur größten Bedrohung für die Holmer Fischer geworden ist. Die großen Vögel fangen die Fische nicht nur zum eigenen Verzehr, sondern verletzen mit ihren scharfen Schnäbeln auch eigentlich für sie zu große Fische so stark, dass sie nicht mehr zum Verkauf geeignet sind.

Die Wasserqualität der Schlei hatte sich in den letzten Jahrzehnten nach der Installation von Kläranlagen in allen Städten und Gemeinden entlang der Schlei stetig verbessert, sodass die verschiedenen Fischarten sich wieder gut entwickeln und die Fischer größere Fänge anlanden konnten. Aber gegen die pfeilschnellen Kormorane können sie sich kaum wehren, denn die stehen unter Artenschutz und dürfen nur kurze Zeit bejagt werden. Dabei haben die pechschwarzen Vögel bis auf die seltenen Seeadler keine natürlichen Feinde mehr und vermehren sich immer schneller. Ebenfalls stark verändert hat sich die Möweninsel. Die Kormorane und die Silbermöwen haben die kleineren Lachmöwen komplett vertrieben und durch ihren Kot auch jegliches Wachstum auf der Insel vernichtet. Ein weiteres Problem sind die Fangquoten für bestimmte Fischarten, zum Beispiel für den Ostsee-Dorsch. Diese Fangquote ist im Herbst 2020 zwar für das kommende Jahr um 5 % erhöht worden, die Fangquote für Ostseeheringe wurde jedoch um 50 % reduziert. Das könnte etliche Ostseefischer in ihrer Existenz bedrohen. Glücklicherweise sind die Holmer Schleifischer davon jedoch bisher nicht betroffen.

Das beste Einkommen erzielen die Fischer in der Aalsaison während der Sommermonate. Diese Fische schmecken nicht nur geräuchert ganz vorzüglich, sondern auch gekocht als »Aal grün«, so benannt wegen der Kräutersauce. Das Gericht steht bei vielen Fischrestaurants in Schleswig-Holstein auf der Speisekarte und wird nicht nur von Einheimischen, sondern auch von Kennern unter den Touristen gern bestellt. Um den Aalbestand zu sichern, werden seit Jahren im Frühjahr beim »Aal-Utsetten« etwa 900 000 Jungaale in der Schlei ausgesetzt, von denen trotz der Kormorane ein Teil überlebt und zu ansehnlicher Größe heranwächst.

Normalerweise verkaufen die Holmer Fischer ihre Ware nicht nur im Großhandel, sondern beliefern auch etliche Restaurants in Schleswig und in der Umgebung, wo höhere Preise erzielt werden können. Diese Möglichkeiten standen aber im Corona-Jahr 2020 monatelang nicht zur Verfügung, denn der Markt ist während des Lockdowns fast komplett zusammengebrochen. Einzig der Direktverkauf vom Boot aus sicherte den Fischern ihren Lebensunterhalt. Dreimal pro Woche stehen die Fischliebhaber Schlange am Schleswiger Hafen, um bei Jörn und Sabine Ross sowie ihren Söhnen frischen Fisch der Saison zu kaufen. Matthias Nanz beliefert seine Stammkunden in Missunde, und Jörg Nadler verkauft ebenfalls vom Kahn aus seinen Fang fast am Ende der Schlei in der Nähe des Hotels »Strandhalle«.

Bedenkt man, dass die Fischer nachts bzw. sehr früh am Morgen auf die Schlei hinausfahren, um zu fischen, kann man sich einigermaßen vorstellen, was für einen

Jan Lorenz Fischer in seiner »Klöndör« in der Süderholmstraße.

1989 versammelten sich alle Mitglieder der Holmer Fischerzunft für dieses Gruppenbild. Ganz rechts: Harald Ross, der damalige 1. Ältermann. Mit der Hand an der historischen Zunftfahne hinten links: Jörn Ross. Fünfter von rechts: Matthias Nanz.

anstrengenden Beruf sie ausüben, weil sie neben der Vermarktung am Tag auch noch beschädigte Netze und Reusen flicken müssen. Einen geregelten Acht-Stunden-Tag von Montag bis Freitag gibt es für sie nicht, denn sie fischen zumeist auch am Wochenende, um genügend Vorräte für den Direktverkauf in der nächsten Woche zu haben. Frisch gehalten wird der lebende Fang in durchlöcherten »Hütefässern«, aus denen die Fische bei Bedarf mit Keschern herausgeholt werden.

Mit der Gründung der zunächst »Fischergesellschaft« genannten Zunft von 1765 wurden vor allem zwei Ziele verfolgt: Die Fischerei sollte vor dem Ruin bewahrt und die Einwohner Schleswigs sollten stets mit ausreichend Fisch zu annehmbaren Preisen versorgt werden. Davor hatte es trotz des Schleibriefs von 1480 mit dem Privileg für Schleswig, das alleinige Recht zum Fischfang zwischen der Stadt und Arnis zu haben, immer wieder erhebliche Probleme für die Holmer Fischer gegeben. Da der dänische König Christian I. mit dem Schleibrief allen Bewohnern Schleswigs das Privileg zugestanden hatte, mussten sie mit erheblicher Konkurrenz von nebenberuflichen Fischern fertig werden. Der Gottorfer Herzog Christian Albrecht hatte zwar bereits 1668 eine Fischordnung erlassen, die auch gegen die Übergriffe der adeligen Gutsbesitzer gerichtet war. Diese wollten den Holmer Fischern oftmals das verbriefte Recht auf freie Ufernutzung für ihr Nachtlager und zum Trocknen der Netze verbieten und nahmen ihnen mehrfach sogar gewaltsam den gesamten Fang ab. Aber erst nachdem der Herzog damit gedroht hatte, Gewalt mit Gewalt zu beantworten, konnten die Holmer Fischer ungestört ihren Beruf ausüben. Es war seit 1668 nun allen fremden, an der Schlei wohnenden Fischern verboten, mit Netzen, Reusen, Angeln und anderen Gerätschaften auf Fang zu gehen. Dieses Verbot betraf auch die Kleinfischerei von Schleswiger Bürgern, die nicht auf dem Holm lebten. Das Privileg besteht bis heute und erlaubt die Fischerei der Holmer zwischen Schleswig und Arnis auf der Schlei und auf den angrenzenden Nooren. Dieser Umstand ist auch die Ursache für die dichte Bebauung der Fischersiedlung, in der die Häuser auf der Wasserseite teilweise in zwei Reihen stehen.

Die Holmer Beliebung

Von zentraler Bedeutung für das Zusammengehörigkeitsgefühl auf dem Holm ist nach wie vor die »Beliebung«. Nach dem Ende des Dreißigjährigen Krieges 1648 brach die Pest aus. Wegen der Ansteckungsgefahr wurde es zunehmend schwieriger, die Bewohner des Holms zu bewegen, die toten Nachbarn oder Verwandten aus den Häusern zu holen und zu begraben. Deshalb entschlossen sie sich, eine Totengilde zu gründen. 1650 stellten sie eine Satzung auf, in der sie sich verpflichteten, »beieinander im Leben und im Sterben zu stehen und sich in Not und Tod, sowohl in Pest- als auch gesunden Zeiten, nicht zu verlassen«. Diese gegenseitige Hilfe schloss auch die Versorgung der Witwen und Waisen ein, deren Männer oder Väter nicht vom Fischfang zurückgekehrt waren, sowie das würdige Beerdigen der Beliebungsbrüder und -schwestern. Die Aufgabe wird bis heute gewissenhaft erfüllt. Die Särge werden von Beliebungsbrüdern zu Grabe getragen, denn der Friedhof ist nach wie vor Eigentum der Totengilde. Da auf die Wünsche der Hinterbliebenen Rücksicht genommen wird, haben viele Holmer einen direkten Blick auf die Gräber ihrer Vorfahren, wenn sie aus dem Fenster schauen oder aus der Tür treten. Deshalb wird der Tod, wie von vielen Menschen heutzutage, nicht verdrängt oder tabuisiert, sondern als selbstverständliches Ende eines jeden Lebens akzeptiert.

Wie seit der Gründung der Totengilde vor inzwischen 370 Jahren wird normalerweise alljährlich zwei Wochen nach Pfingsten das mehrtägige Fest der Holmer Beliebung gefeiert. Der Höhepunkt der Feierlichkeiten ist der Ältermannswechsel genau um Mitternacht beim großen Festball am Montagabend. In dieses Amt wird man nicht gewählt, sondern wächst hinein, denn der Vorstand der Beliebung besteht aus dem 1. Ältermann und seinem Stellvertreter, den »Achten« (Beisitzer) sowie den »Sechsten« (ebenfalls Beisitzer). Gewählt werden jedoch die weiteren Vorstandsmitglieder: der Rechnungsführer, der Schriftführer, der Friedhofsver-

1989 am Schleswiger Stadthafen: Harald Ross (im Boot) und Sohn Jörn entladen frisch gefangene Heringe.

walter, der Friedhofskassenverwalter sowie der Rechnungsführer der Sterbekasse. Sie bekleiden gewöhnlich viele Jahre lang ihre Ehrenämter. Um 1. Ältermann zu werden und ein Jahr lang die Beliebung in der Öffentlichkeit mit eindrucksvoller Silberkette zu repräsentieren, steigen die Beliebungsbrüder aus der Reihe der Achten auf, um schließlich als 2. Ältermann schon eine nicht ganz so aufwändig geschmückte Kette beim Festball zu erhalten. Davor müssen sie aber bereits zur Gruppe der Sechsten gehört haben. Es kommt also darauf an, wann sie in die Beliebung aufgenommen worden sind. Jeder Beliebungsbruder kann sich deshalb ausrechnen, wann er an der Reihe ist.

Im Juni 2020 hätte Fischermeister Matthias Nanz beim Festball die Ältermannskette von seinem Vorgänger empfangen müssen. Aber wegen der durch die Corona-Pandemie verhängten Verbote und Einschränkungen musste das Beliebungsfest abgesagt werden. Das hatte es bisher noch nie gegeben. Selbst in den Jahren der beiden Weltkriege 1914 bis 1918 und 1939 bis 1945 ist der Ältermannswechsel vollzogen worden, wenn auch wohl nicht mit allzu ausschweifenden Feierlichkeiten. Lediglich die Totenehrung mit Kranzniederlegung auf dem Friedhof konnte in diesem Jahr am Sonntagvormittag stattfinden. Der 1. Ältermann Kai-Uwe Schleimer bleibt also mindestens bis Juni 2021 in seinem Amt, denn das Ende der Einschränkungen war auch im späteren Verlauf der Pandemie 2020 nicht abzusehen.

Normalerweise beginnen die Feierlichkeiten offiziell am Sonntagvormittag mit einem Gottesdienst in der Friedhofskapelle. Am Tag davor werden aber bereits die Girlanden aus Eichenblättern und Tannenzweigen gebunden und an verschiedenen Stellen zwischen den Häusern aufgehängt. Außerdem wird geflaggt, so dass der gesamte Holm für die Beliebungsfeierlichkeiten festlich herausgeputzt wird.

Rückmarsch von der Generalversammlung der Holmer Beliebung mit Blasmusik beim Beliebungsfest 1991.

Am Sonntagnachmittag ziehen die Kinder dann mit Körben voller Blumen zum traditionellen Festlokal, dem »Hohenzollern«, wo eine Blumenpyramide kunstvoll zusammengesteckt wird. Sie schmückt alljährlich die Bühne des Ballsaales. Genau davor steht der Ältermannstisch, auf dem silberne Kerzenständer, historische Humpen aus Zinn und wertvolle Silberpokale aufgereiht sind.

Während zum Tanzabend am Sonnabend auch Gäste mitgebracht werden dürfen, nehmen am Montagabend zum eigentlichen Festball mit Inthronisierung des neuen Ältermanns nur Mitglieder der Beliebung und geladene Gäste teil, beispielsweise der Bürgermeister der Stadt Schleswig sowie die Priörin (Klostervorsteherin) des St.-Johannis-Klosters. Sie alle treffen sich festlich gekleidet – die Männer in schwarzen Anzügen mit roten Rosen am Revers und Zylindern auf den Köpfen, die Frauen in zumeist langen Kleidern – vor dem Haus des noch amtierenden Ältermannes und marschieren zu den Klängen von mehreren Kapellen zum Festlokal. Ein Tanz der Vorstandsmitglieder eröffnet den Ball nach langer Tradition. Und genau wie vor Jahrhunderten zelebriert man immer noch alte Tänze wie Menuett und Figaro, deren Schrittfolgen vorher auf mehreren Übungsabenden unter Anleitung eines Tanzmeisters geprobt werden. Nach der mitternächtlichen Amtsübergabe feiern die Beliebungsbrüder und -schwestern in gehobener Stimmung gewöhnlich bis in die frühen Morgenstunden. Mit Musik wird der neue Ältermann oftmals erst bei Sonnenaufgang von der restlichen Festgesellschaft zurück zum Holm geleitet. Wenn die alteingesessenen Holmer unter sich sind wie bei den Beliebungs-Feierlichkeiten, wird natürlich plattdeutsch gesprochen. Sonst überwiegt inzwischen die hochdeutsche Sprache.

So war es immer. Nur im Jahr 2020 – diesem ganz besonderen »Corona-Jahr« – war alles anders. Dennoch wird aller Voraussicht nach die Tradition der Holmer Beliebung auch in Zukunft erhalten bleiben. Das Jahr 2021 wird zeigen, ob Matthias Nanz im Sommer die Ältermannskette endlich um Mitternacht auf dem Festball in Empfang nehmen kann.

Anke Carstens-Richter

Die Totenehrung am 14. Juni 2020 war der einzige Programmpunkt des Holmer Beliebungsfestes 2020. Das Bild zeigt die Älterleute der Beliebung vor der Friedhofskapelle: links Kai-Uwe Schleimer, 1. Ältermann, und daneben Matthias Nanz, 2. Ältermann.

DER HOLM ALS FISCHERQUARTIER

Der Holm ist Schleswigs ältester Stadtteil. Und seit jeher der Lebensmittelpunkt der Fischer an der westlichen Schlei.

Ihre Häuser sind meist nur einen Steinwurf entfernt von der Uferzone mit ihrem kleinen Sandstrand und den uralten Landungsbrücken. An diesen grasbewachsenen Anlegern machen sie seit Jahrhunderten ihre Boote fest, und hier trocknen und lagern sie ihr Material – vor allem Netze, Reusen, Tauwerk, Bojen und Anker. Durch schwimmende Pontons sind einige der Landungsbrücken im Laufe der Zeit erweitert worden und ragen weit in die Schlei hinaus.

Die Landungsbrücken erwecken mit ihrer fotogenen Mischung aus Alt und Neu – mit verrosteten Ankern und morschem Holz neben frischem Nachschub an Fanggeräten und Zubehör – bei manchen Besuchern des Holms sicher den Eindruck eines großen Fischerei-Freilichtmuseums. Doch so nostalgisch die bühnenartige, archaisch anmutende Architektur dieser Landungsbrücken auf Fremde auch wirken mag: Es sind Arbeitsplätze der Holmer Fischer. Hier werden Boote repariert, Netze und Reusen geflickt und Gespräche geführt über Glück und Misserfolg bei den letzten Fangfahrten. Und natürlich über das Wetter der kommenden Tage. Kurz gesagt: hier schlägt das Herz des Fischerlebens auf dem Holm.

Und doch ist es oft still und beschaulich auf den Landungsbrücken: Wo früher weit über 100 Fischer tätig waren, sind es heute weniger als zehn – die letzten Aktiven dieser traditionsreichen Zunft in Schleswig.

Kurz nach Sonnenaufgang prüft Christian Ross seine
Fanggeräte. Christian Ross ist der jüngste unter den
Fischern vom Holm.

OBEN Die Landungsbrücken am Holmer Strand sind grasbewachsene Anleger der Schleswiger Fischer. Hier machen sie seit Jahrhunderten ihre Boote fest und lagern ihr Material. Durch schwimmende Pontons sind einige der Landungsbrücken im Laufe der Zeit erweitert worden.

RECHTS OBEN Matthias Nanz auf seiner Landungsbrücke. Das Bild zeigt ihn in einer kurzen Arbeitspause bei der Reparatur seiner Reusen mit einer Netznadel.

RECHTS UNTEN Die Landungsbrücken am Holmer Strand dienen auch zum Trocknen von Netzen und Reusen sowie zur Lagerung von Kisten und anderen Gerätschaften der Fischer.

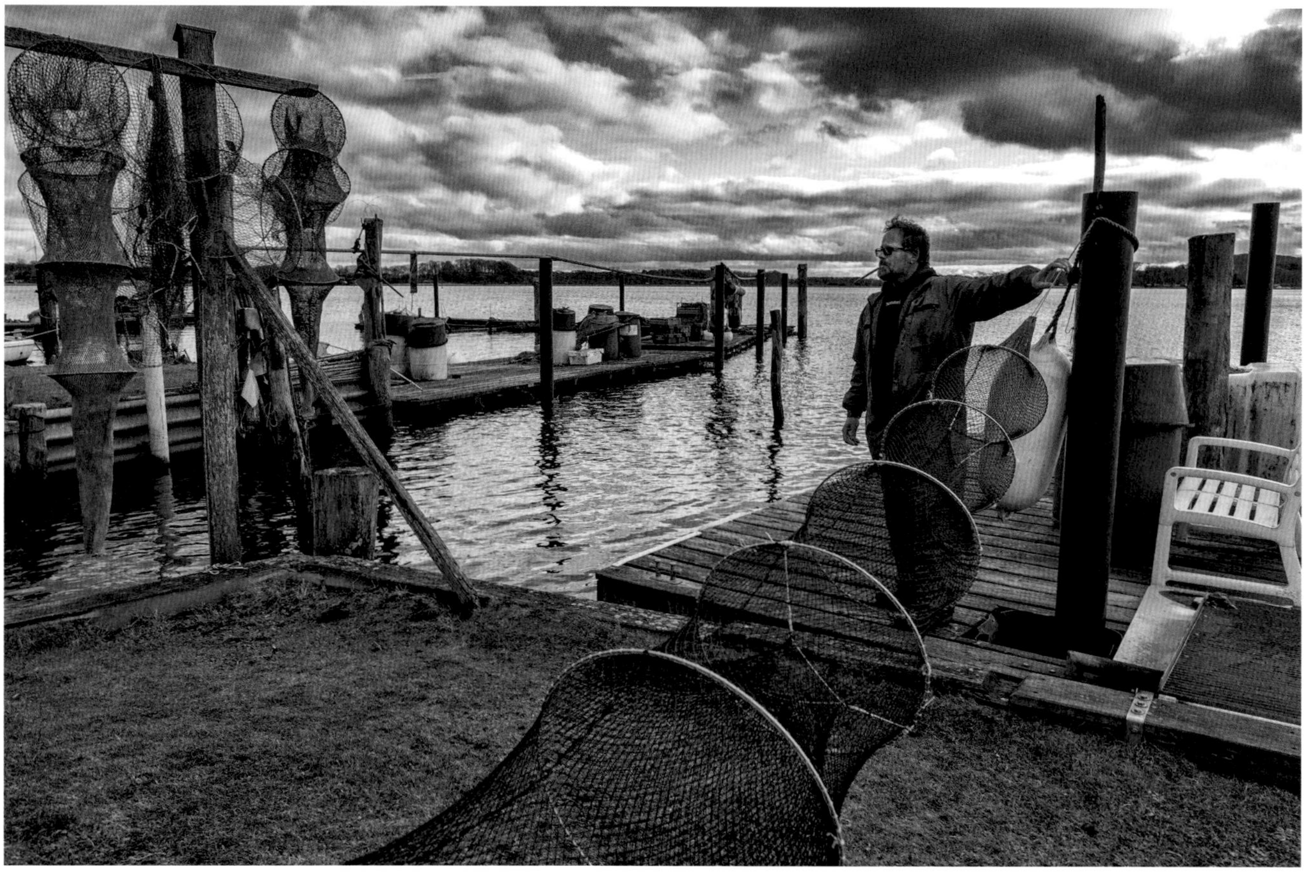

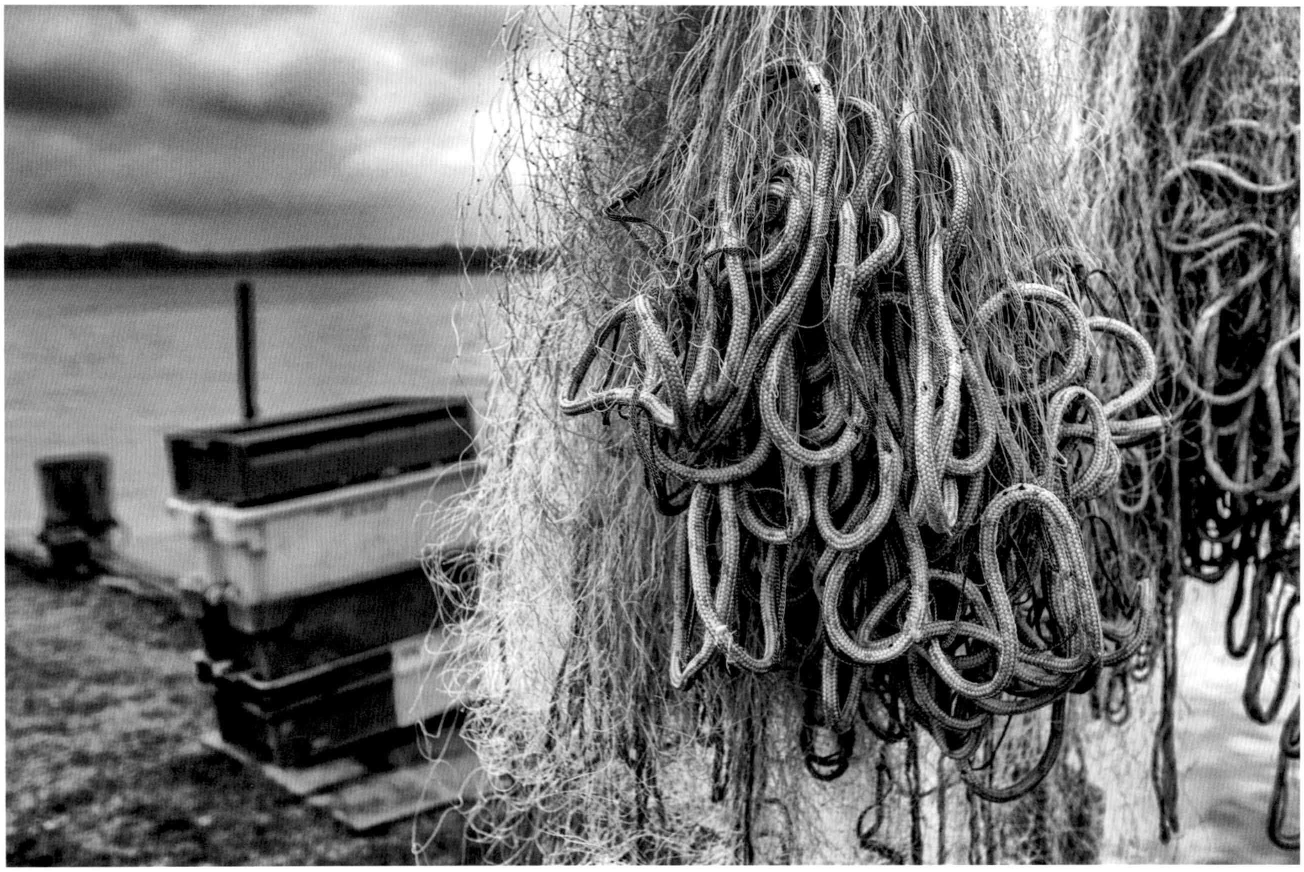

Im Oktober 2020 versammelten sich die Mitglieder der Holmer Fischerzunft mit ihrer historischen Fahne zu diesem Gruppenbild. Von links: Jörg Nadler, Karl Wolff, Nils Ross, Matthias Nanz, Christian Ross, Jan Lorenz Fischer und Jörn Ross. Es fehlt der Senior-Fischer Ulrich Przyborowski.

Kollegen unter sich: Nicht immer gelingt es dem 1. Ältermann Jörn Ross (rechts), alle Mitglieder der Fischerzunft terminlich unter einen Hut zu bekommen. Das Gruppenbild vom Oktober 2020 war dann auch Gelegenheit, einmal in Ruhe einige anstehende Themen zu besprechen.

OBEN Karl Wolff, Fischer im Ruhestand. Karl Wolff ist einer von drei Fischern auf dem Holm, die als Rentner nicht mehr im Hauptberuf aktiv sind.

RECHTS OBEN Jan Lorenz Fischer, Fischer im Ruhestand. Wie sein Kollege Karl Wolff fährt Jan Lorenz Fischer in seinem Boot ab und zu immer noch gerne zum Fischen auf die Schlei hinaus – ganz entspannt, denn er steht ja nicht mehr unter Erfolgsdruck.

RECHTS UNTEN Ulrich Przyborowski, Fischer im Ruhestand. »Uli Prü«, wie sein Spitzname auf dem Holm lautet, fing in seiner aktiven Zeit als Einziger auf dem Holm Aale mit Angelschnüren.

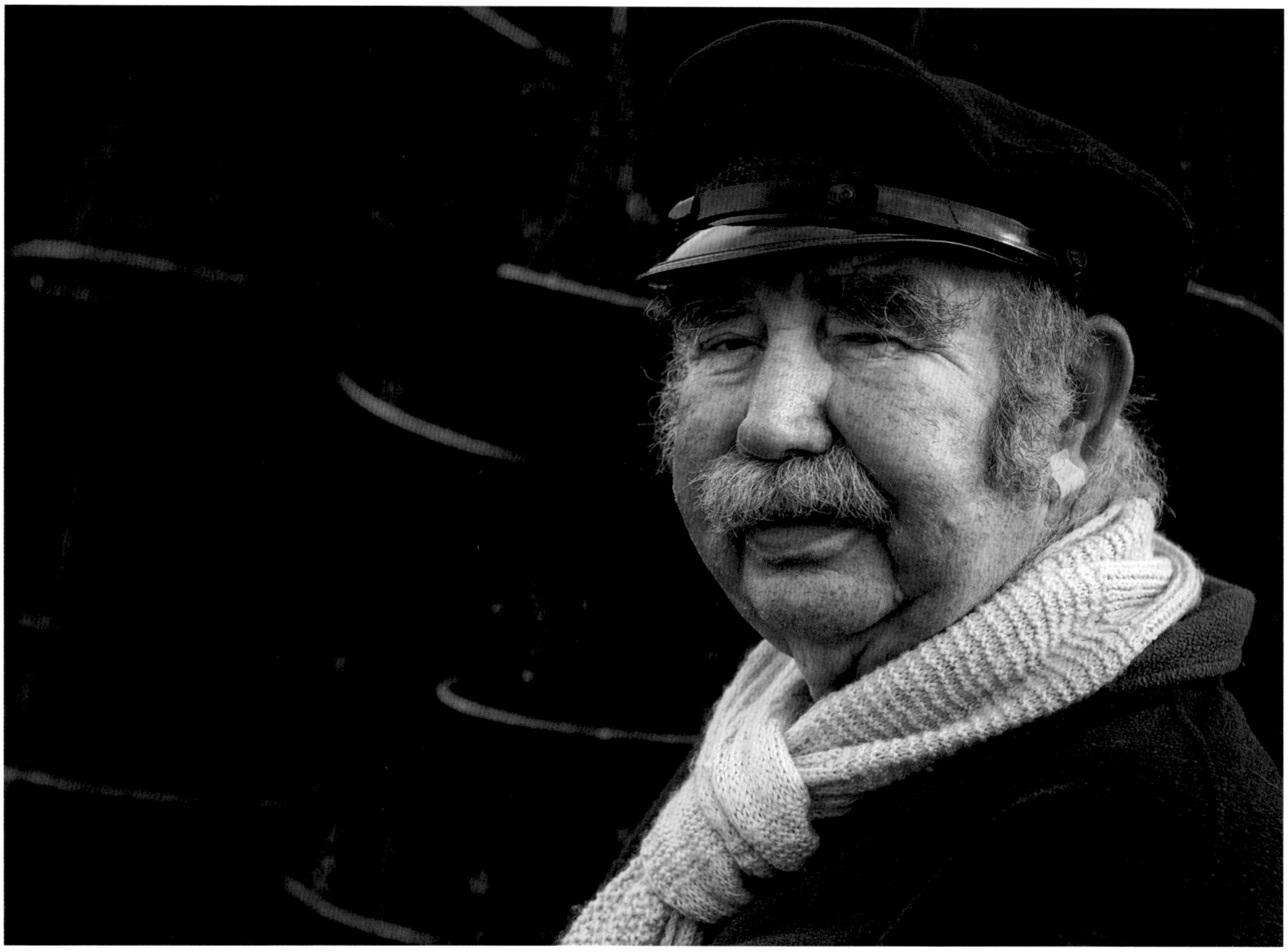

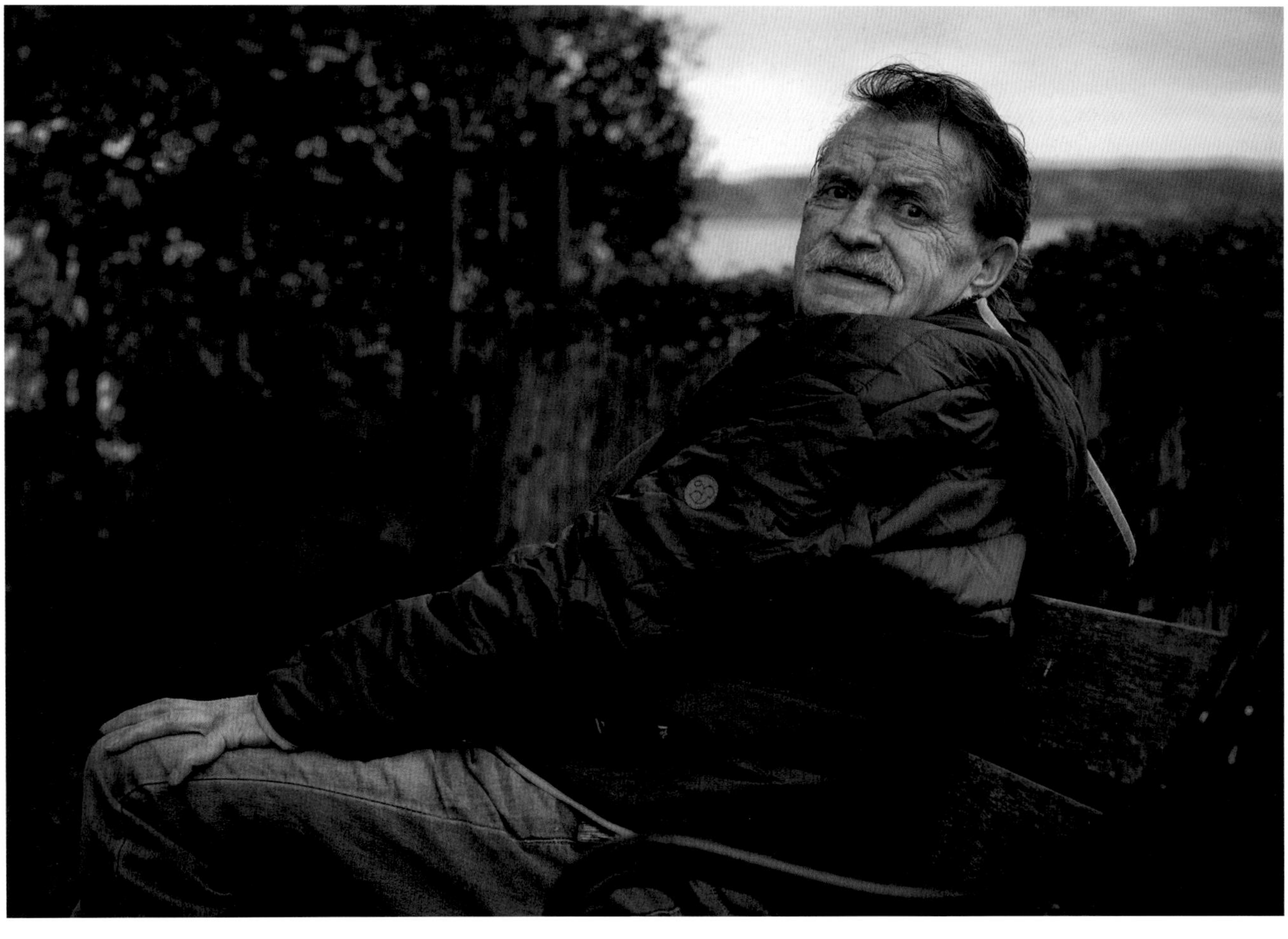

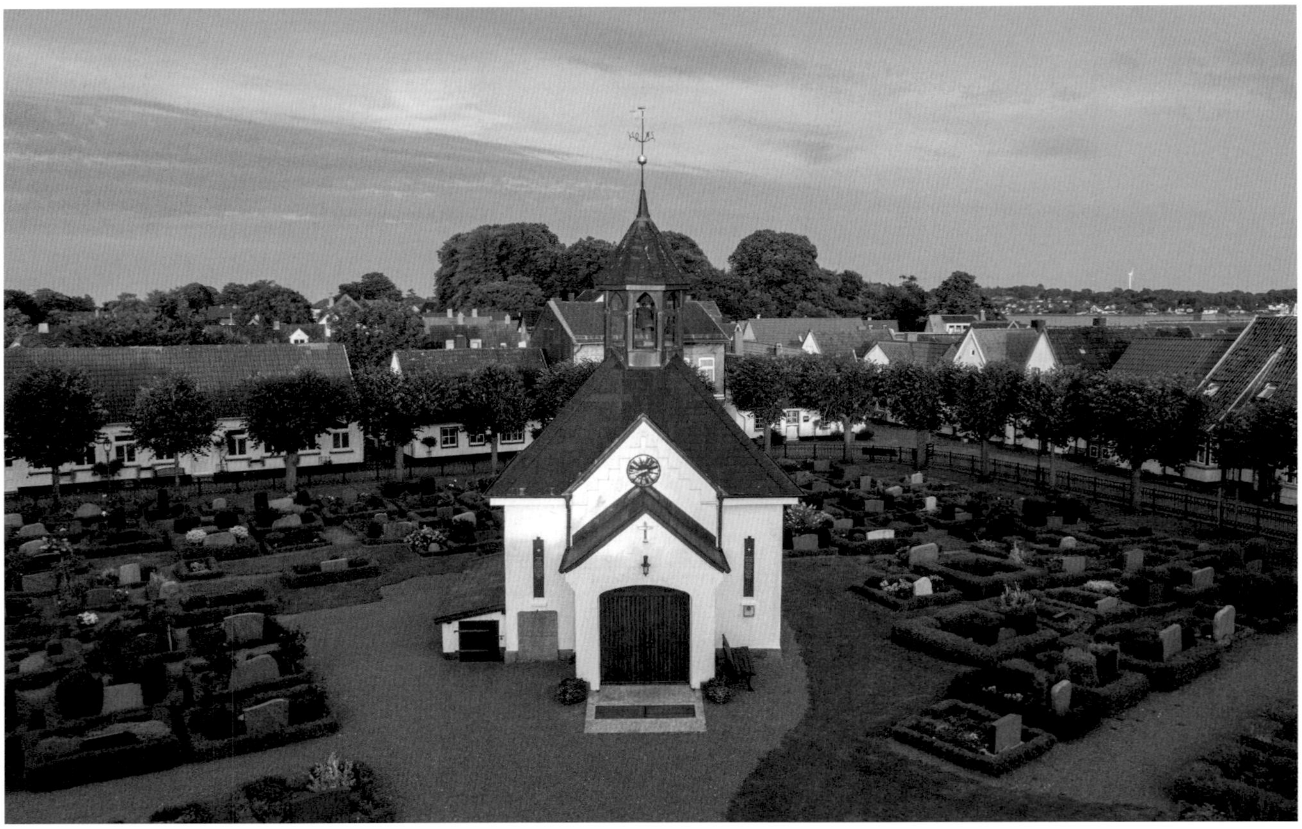

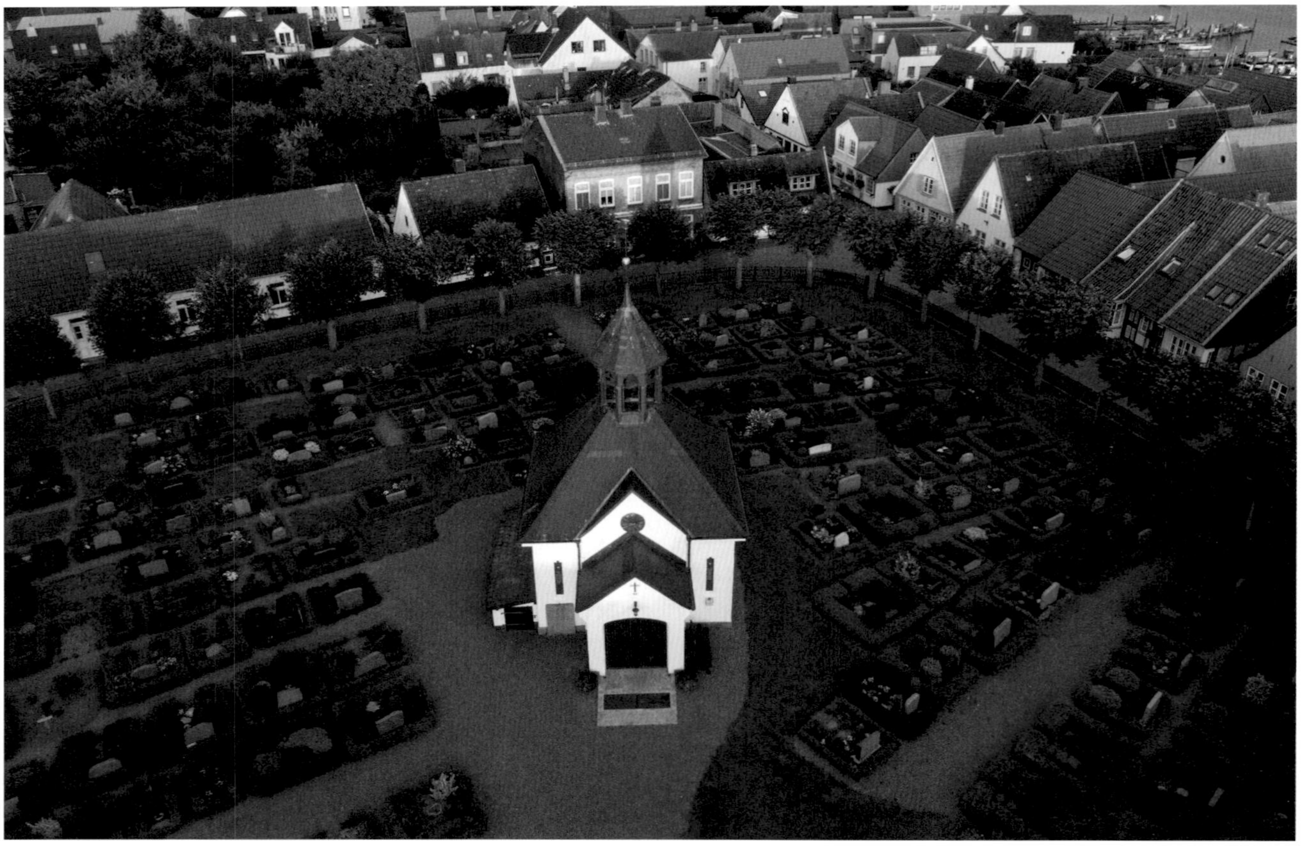

LINKS OBEN Friedhof und Kapelle im Abendlicht. Aus der Distanz betrachtet – wie bei dieser Aufnahme aus erhöhter Perspektive – hat sich der Holm seit Jahrzehnten äußerlich kaum verändert. Noch immer durchziehen zwei Hauptstraßen die Siedlung von West nach Ost: die Norderholm- und die Süderholmstraße. Unverändert im Zentrum des Viertels, umschlossen von der Süderholmstraße, liegt weiterhin der von Linden umsäumte Friedhof.

LINKS UNTEN Der Holm im Abendlicht. Dieses Luftbild entstand aus einer Höhe von 23 Metern und zeigt die beachtliche Größe des Gräberfeldes rund um die Kapelle, die 1876 errichtet wurde.

OBEN Diese Luftaufnahme entstand kurz nach Sonnenaufgang Ende Mai 2020. An den Brücken sind die offenen Motorboote der Fischer zu erkennen.

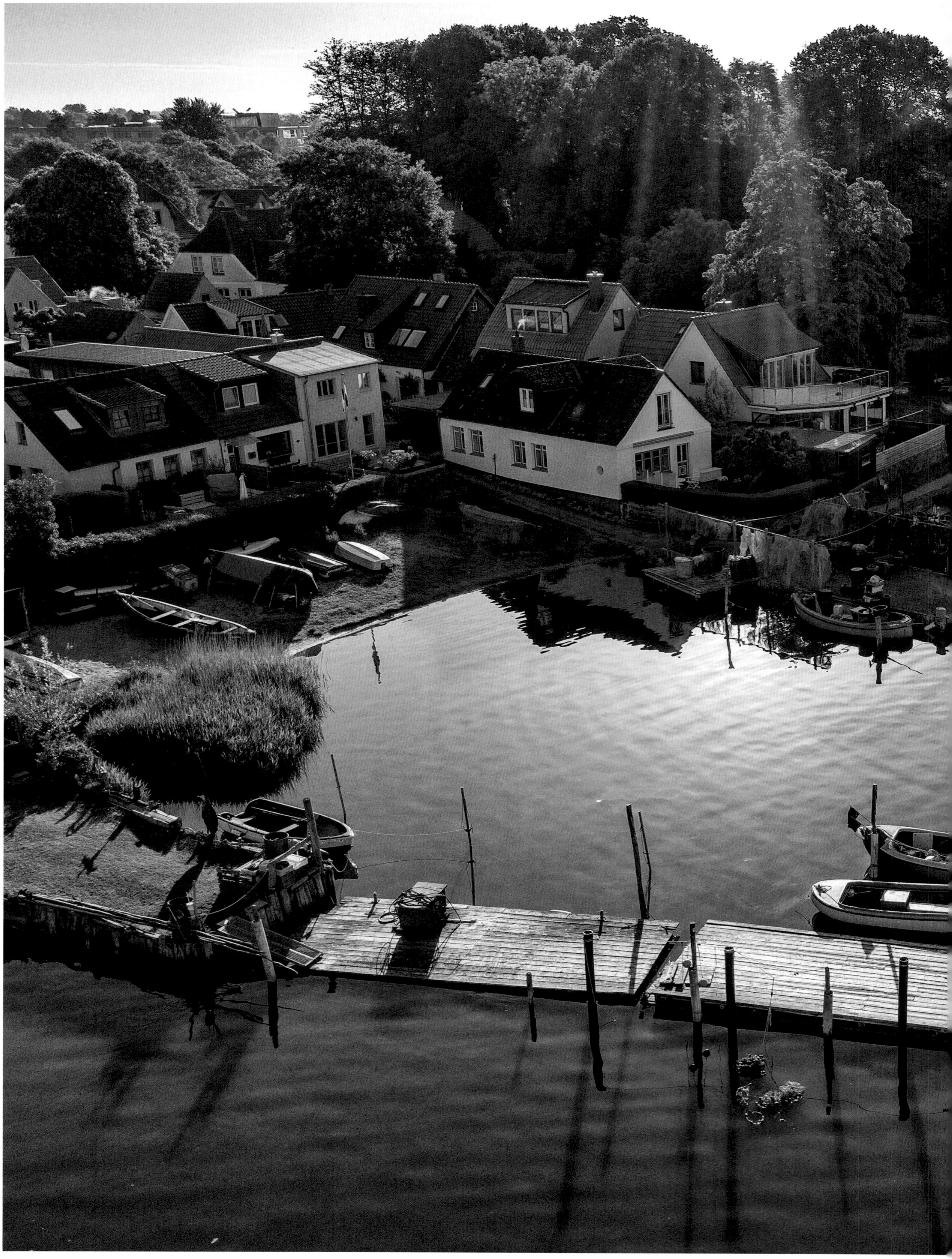

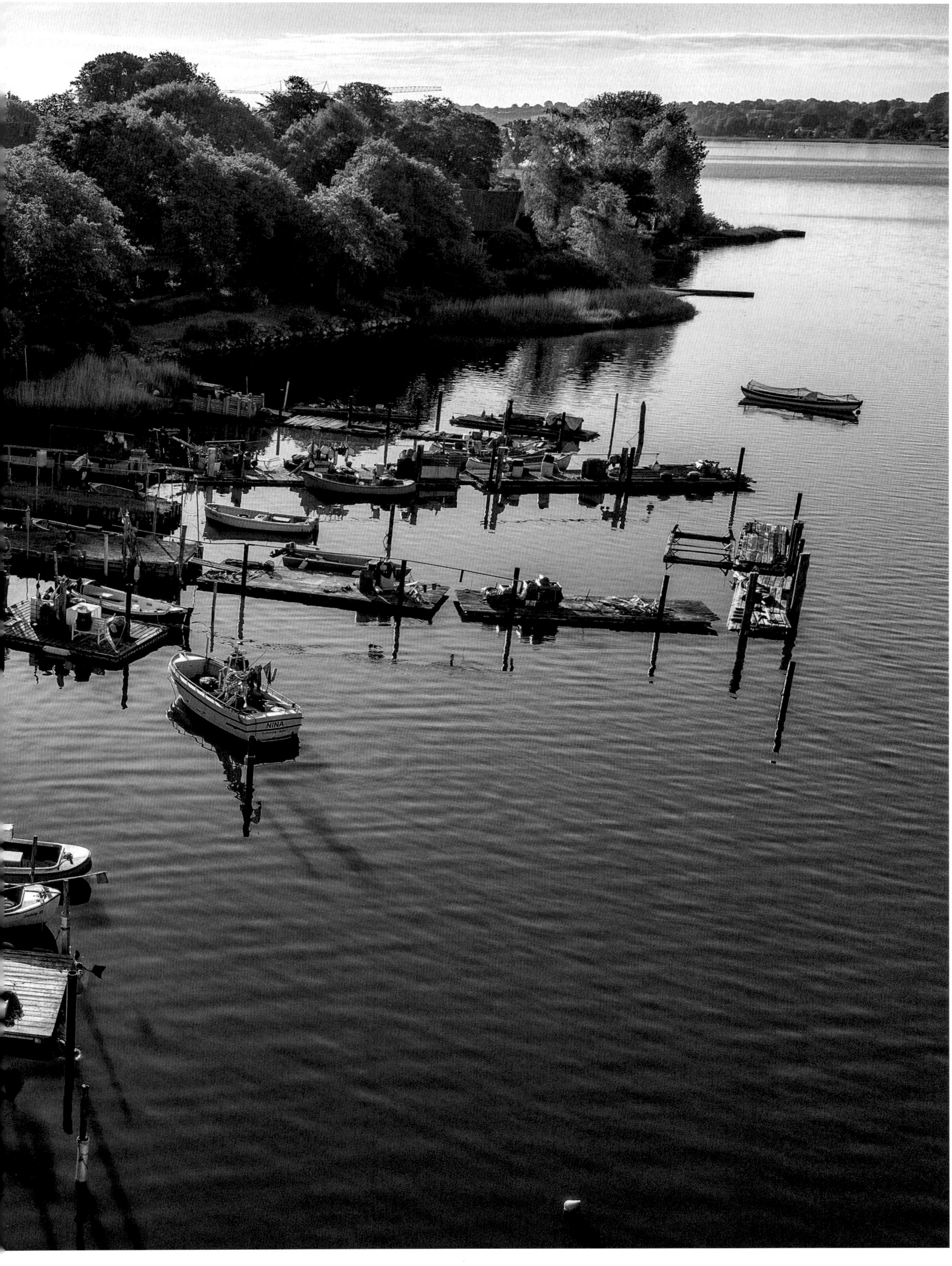

OBEN Matthias Nanz am Grab seines Vaters. Matthias Nanz ist der letzte Berufsfischer in seiner Familie, die seit Jahrhunderten auf dem Holm verwurzelt ist. Sein Vater Adolf, genannt »Addelei«, mit dem er lange Zeit gemeinsam gefischt hat, starb Anfang 2020. Er ist auf dem Friedhof der Siedlung bestattet.

RECHTS Wegen der COVID-19-Pandemie konnte das jährliche Fest der Holmer Beliebung in Schleswig 2020 nicht im üblichen Rahmen stattfinden. Die traditionelle Veranstaltung blieb auf eine Totenehrung am 14. Juni 2020 auf dem Friedhof beschränkt, verbunden mit einer Andacht durch Pastor Michael Dübbers.

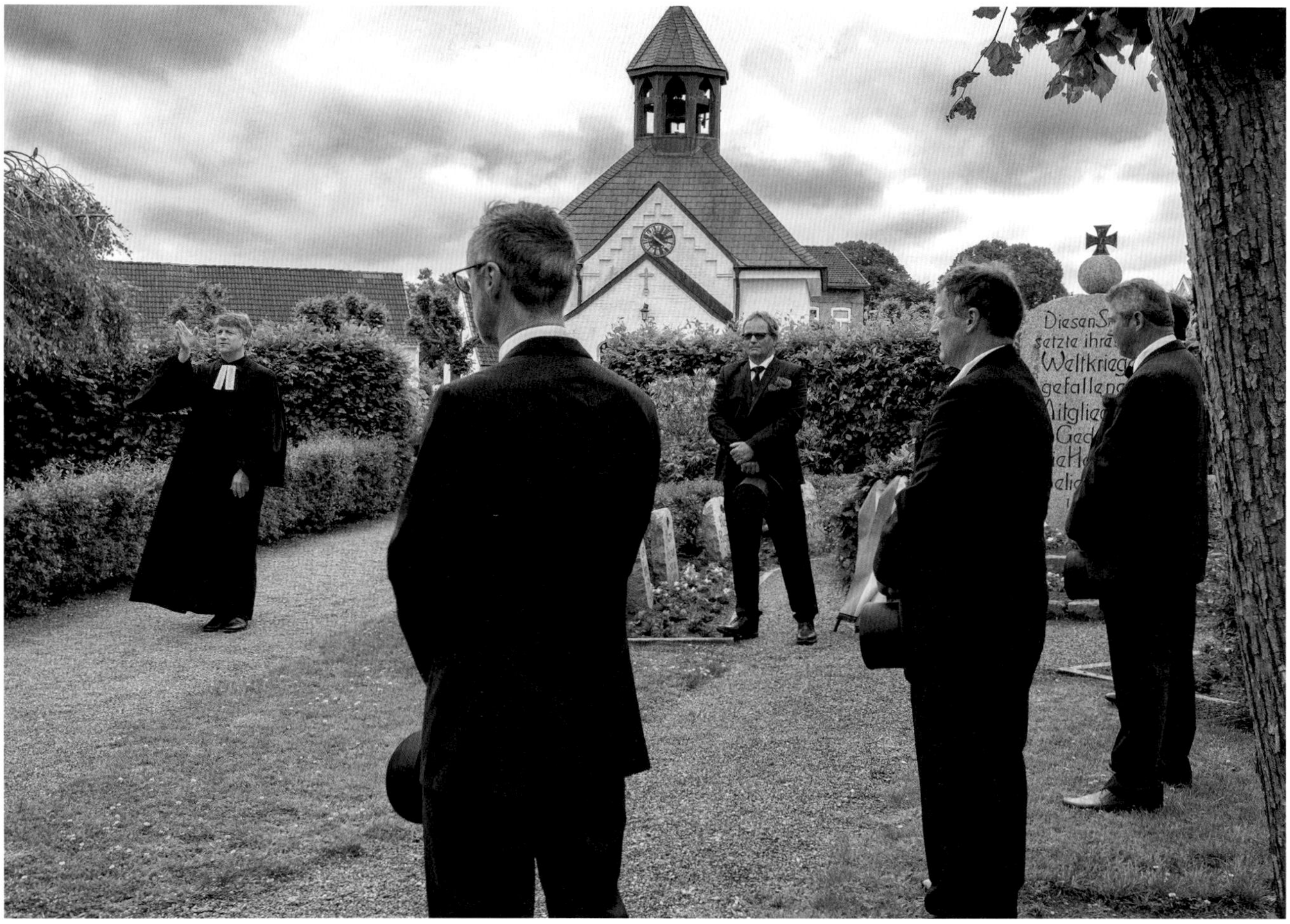

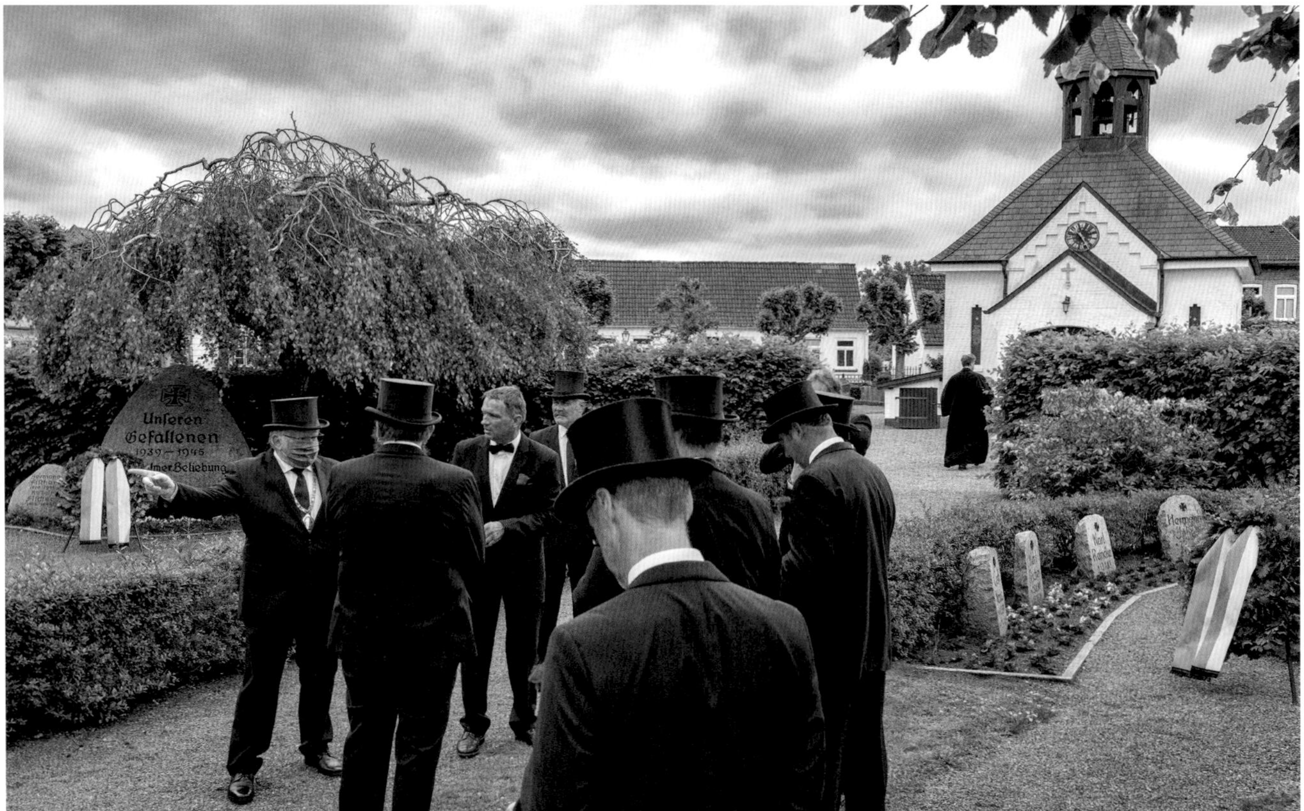

IM FRÜHJAHR AUF DER SCHLEI

Für die Fischer an der Schlei ist das Frühjahr silbern: Dann ziehen, oft schon im Februar, große Schwärme des metallisch glitzernden Atlantischen Herings (Clupea harengus) zum Laichen in den Meeresarm der Ostsee.

Noch, muss man sagen, denn die Heringsbestände in der westlichen Ostsee sind nach einer Untersuchung des Internationalen Rates für Meeresforschung (ICES) stark geschrumpft. Die Ursache ist die Klimaerwärmung: Die Heringsschwärme fliehen vor steigenden Temperaturen in kältere Gewässer.

Aber solange Heringe in der Schlei auftauchen, stellen die wenigen verbliebenen Fischer, die hier um ihre Existenz kämpfen, diesem Lieblingsfisch der Deutschen nach. Früher galt der Hering als Arme-Leute-Essen. Doch inzwischen hat sich das Image des »Silbers der Meere« gewandelt. Heringe werden als edle Delikatesse vermarktet und verspeist: gebraten, in Marinade eingelegt, als Matjes, Bismarckhering, Salzhering oder Rollmops. Rund 20 Prozent des Fischverzehrs in Deutschland entfallen auf den Hering bzw. auf Heringsprodukte.

In diesem Kapitel steht Matthias Nanz im Mittelpunkt. In der Frühjahrs-Heringssaison fährt der Holmer Fischwirtschaftsmeister nahezu jeden Tag mit seinem Motorkahn »Schle. 12« vom Liegeplatz in Missunde zu den Fanggründen in der Schlei. Der Erfolgsdruck ist stark, denn der Großhandel zahlt den Fischern nur etwa 50 Cent pro Kilo Heringe. Insofern müssen die Netze gut gefüllt sein, um zumindest einen kleinen Gewinn zu erwirtschaften.

Das erwies sich im Jahr 2020 angesichts der COVID-19-Pandemie als schwieriger denn je, weil Gastronomen als wichtige Abnehmer ausgefallen waren. Einen – wenn auch überschaubaren – Ausgleich brachte der traditionelle Verkauf an Privatkunden, und so warteten im Frühjahr des Krisenjahres 2020 morgens ab 10 Uhr am südlichen Schleiufer in Missunde täglich zahlreiche Fischliebhaber mit Eimern, Plastiktüten und anderen Gefäßen geduldig auf die Ankunft von »Ducki« Nanz. Und auf seine silberne Beute im Boot.

Der späte April ist für die Schleifischer eine Zeit des Übergangs: Die Frühjahrs-Heringssaison geht dem Ende entgegen und überlappt sich mit dem langsam beginnenden Aalfang.

Meistens nicht vom Holm, sondern von seinem traditionellen Liegeplatz in Missunde fährt Matthias Nanz mit seinem Boot zu den Fanggründen in der Schlei. Das Bild entstand Ende April 2020 vor Sonnenaufgang kurz vor seiner Abfahrt. Am rechten Schleiufer ist die Fähre und links das beleuchtete Missunder Fährhaus zu erkennen.

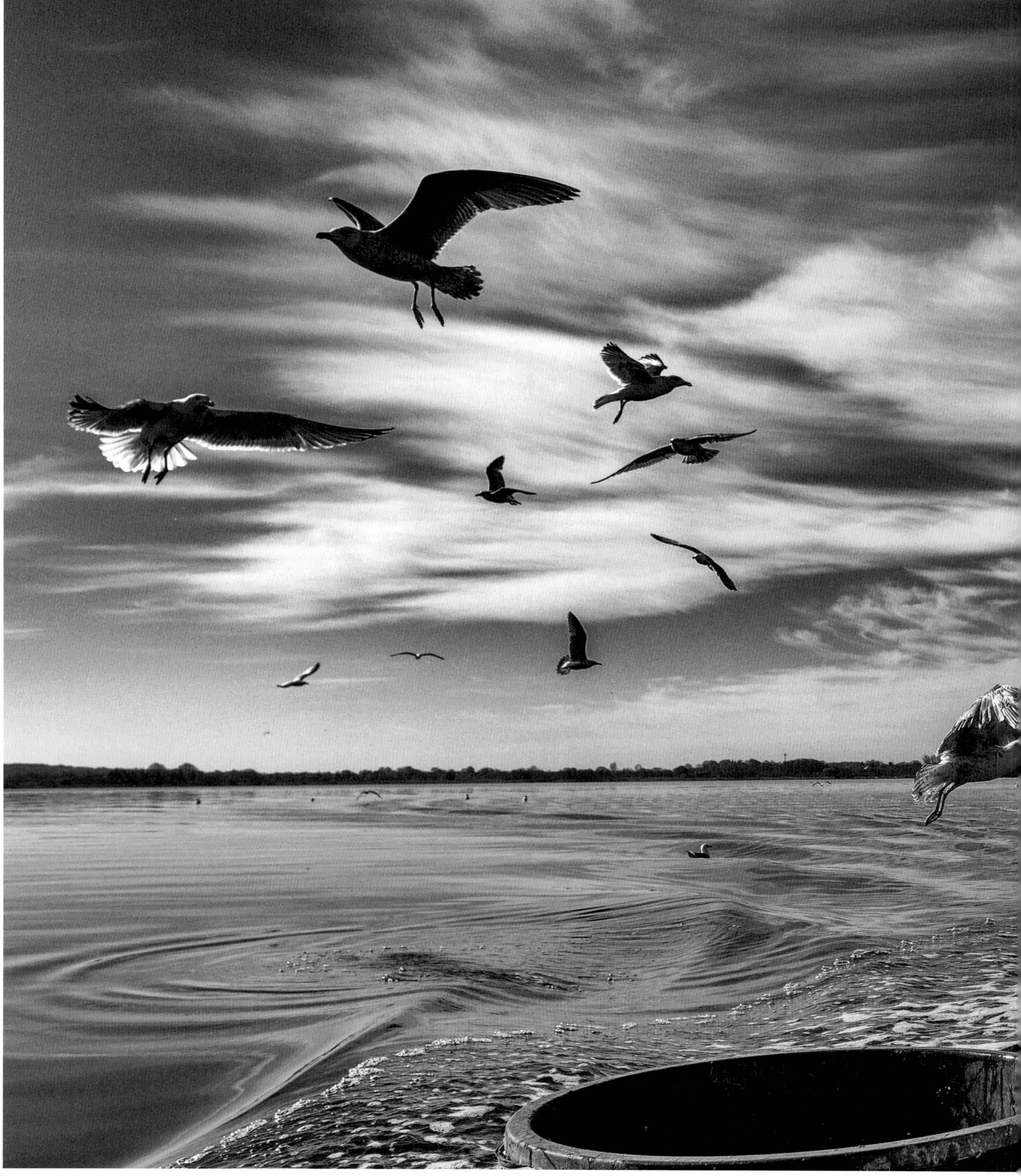

Bei voller Fahrt nimmt Matthias Nanz im April 2020 frisch gefangene Heringe aus.

Matthias Nanz Ende April 2020 auf der Großen Breite der Schlei. Hungrige Möwen sind häufige Begleiter, immer in der Hoffnung auf ein paar über Bord geworfene Happen wie in diesem Fall Innereien ausgenommener Heringe.

Begegnung auf der Großen Breite der Schlei beim Heringsfischen: Matthias Nanz grüßt seinen Kollegen Jörn Ross, der seine Netze in der Nähe ausgelegt hat.

OBEN Rückkehr von einer Fangfahrt im Frühjahr 2020: Ohne Motorkraft manövriert Matthias Nanz sein Boot auf den letzten Metern zu seinem Liegeplatz in Missunde.

RECHTS OBEN Fischverkauf direkt am Liegeplatz von Matthias Nanz in Missunde. Im zeitigen Frühjahr werden vor allem Heringe gefangen. Ein Teil des Fangs geht direkt nach der Landung an Privatkunden …

RECHTS UNTEN … in der Mehrzahl allerdings – wie hier im Bild – an Fischhändler.

53

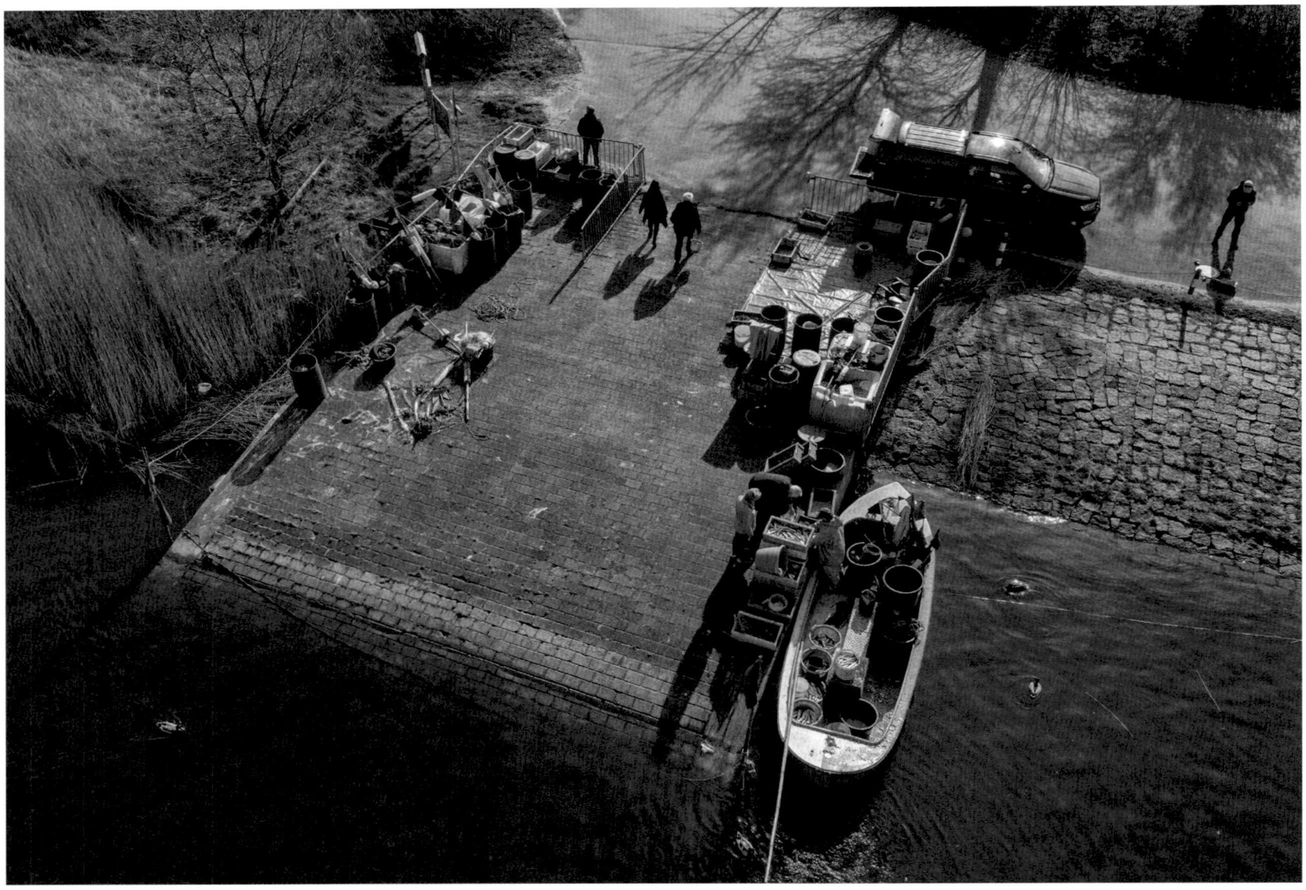

Aus der Vogelperspektive betrachtet: Direktverkauf an Privatkunden am Liegeplatz von Matthias Nanz in Missunde während des ersten COVID-19-Lockdowns im April 2020. Durch dieses Geschäft konnten die Holmer Fischer im Jahr der Pandemie zumindest einen Teil der Absatzverluste ausgleichen, die sie infolge der Schließung der Gastronomie erlitten hatten.

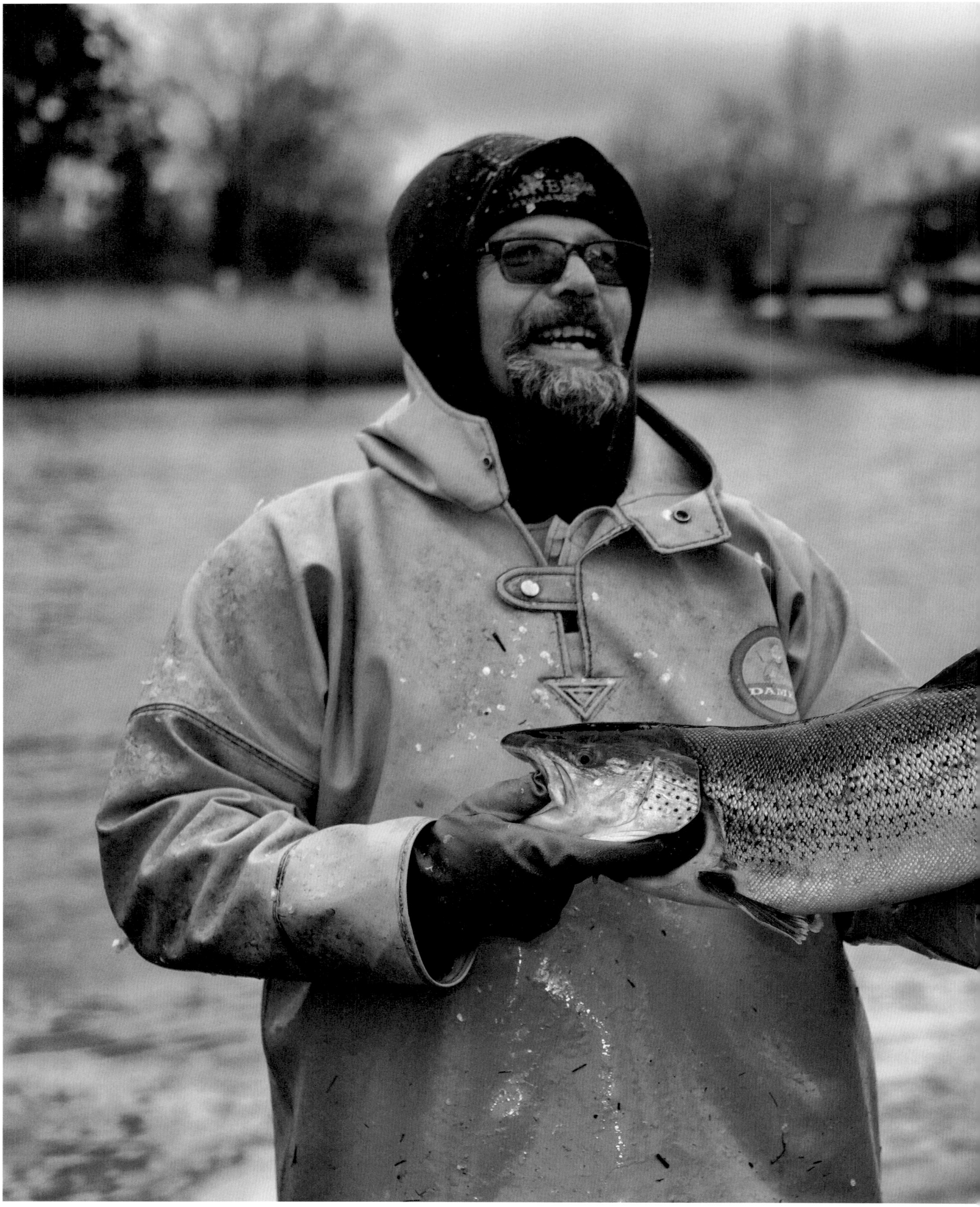

Im Frühjahr gehen mitunter auch Meerforellen ins Netz.
Hier präsentiert Matthias Nanz Ende März 2020 ein
besonders stattliches Exemplar.

Momentaufnahme an einem Fangtag von Matthias Nanz Anfang März 2020: Viele Heringe waren aufgrund von Kormoran-Attacken verletzt und unverkäuflich.

Mit dem Verkauf des Fangs ist der Arbeitstag eines Fischers nicht beendet. Der Feierabend kann erst beginnen, wenn alle Geräte, Kisten und Eimer ausgespült sind, wie hier am Liegeplatz von Matthias Nanz in Missunde.

JAGD AUF AALE

Aale wurden früher einmal als das »Gold der Schlei« bezeichnet. In den letzten Jahrzehnten sind die Bestände allerdings nicht nur in der Schlei stark zurückgegangen. Seitdem zählt der Aal in Europa zu den bedrohten Tierarten. Es wird geschätzt, dass das Vorkommen europaweit um 90 Prozent gesunken ist.

Um gegenzusteuern, erließ die Europäische Union 2007 eine Aalverordnung. Seit 2009 werden die Aalbestände auch in Schleswig-Holstein nach detaillierten Managementplänen bewirtschaftet. Im Zuge dieser Vorgaben entlassen die ortsansässigen Fischer und andere Unterstützer seit nunmehr zehn Jahren Massen kleiner Aale in die Schlei. Beim »Aalutsetten« Anfang August 2019 waren es 150 000 Stück.

Naturschützer kritisieren das Aussetzen von Aalen. Damit würde sich der Bestand nicht automatisch erhöhen, behauptet der Naturschutzbund Deutschland (NABU). Dagegen meint Matthias Nanz: »Der Aalbesatz wirkt sich positiv für uns Fischer aus. Ohne Besatz würde sich die Aalfischerei nicht mehr lohnen.« Seine Kollegen teilen diese Meinung.

An einem frühsommerlichen Tag Ende Mai 2019 begleite ich Matthias Nanz bei seiner Jagd auf Aale. Wir starten in Missunde, wo sein offenes Boot beheimatet ist. In dem randvoll mit Fanggeräten und diversen Behältnissen beladenen kleinen Wasserfahrzeug führt die Fahrt bei Sonnenaufgang in die nahegelegene Große Breite der Schlei.

Hier befinden sich die Fanggründe für Aale. Sie sind der wichtigste Beutefisch in der warmen Jahreszeit. Zielsicher steuert Matthias Nanz auf die Reusenbojen zu, die mit ihren schwarzen Wimpeln den Standort seiner verstreut in der Großen Breite ausgelegten Aalreusen markieren. Eine Reuse misst etwa sechs bis acht Meter. Zehn bis zwölf Doppelreusen werden zu einer großen Reuse zusammengeknotet.

Das Hochziehen dieser extrem langen Großreusen erfolgt per Muskelkraft. Eine maschinelle Unterstützung gibt es bei Matthias Nanz nicht an Bord. Der Lohn für diese schwere körperliche Arbeit ist oft überschaubar: Manchmal sind etliche Aale in einer Reuse, manchmal aber nur einige wenige und nicht selten gar keine. Gelegentlich gibt es Beifänge: Barsche zum Beispiel und Edelkrebse, die lebend zurückgesetzt werden.

Schon an Bord sortiert Matthias Nanz die Aale nach Größen. Untermaßige erhalten wieder ihre Freiheit, die anderen kommen in verschiedene Tonnen zur Lebendhälterung – eine wichtige Voraussetzung für den Verkauf frischer Fische.

Als wir nach acht Stunden auf dem Wasser in Missunde anlegen, wartet schon ein Großhändler, um den Fang zu übernehmen. Mit dem Erlös ist Matthias Nanz dieses Mal zufrieden. Aber längst nicht an allen Tagen reicht der Ertrag. Und dann naht die kältere Jahreszeit, in der Wind und Wetter oft keine Fangfahrten erlauben.

Vor Sonnenaufgang Ende Mai 2019 am Liegeplatz in Missunde: Mit seinem Motorkahn »Schle. 12« wird Matthias Nanz an diesem Morgen zum Aalfischen aufbrechen.

Vor Sonnenaufgang am Liegeplatz von Matthias Nanz in Missunde im Frühjahr 2019. Neben seinem Boot sind Reusen zum Trocknen aufgehängt.

Jeder Quadratzentimeter auf dem Boot von Matthias Nanz wird als Stauraum benötigt. Um hier nicht den Überblick zu verlieren, ist gute Logistik gefragt.

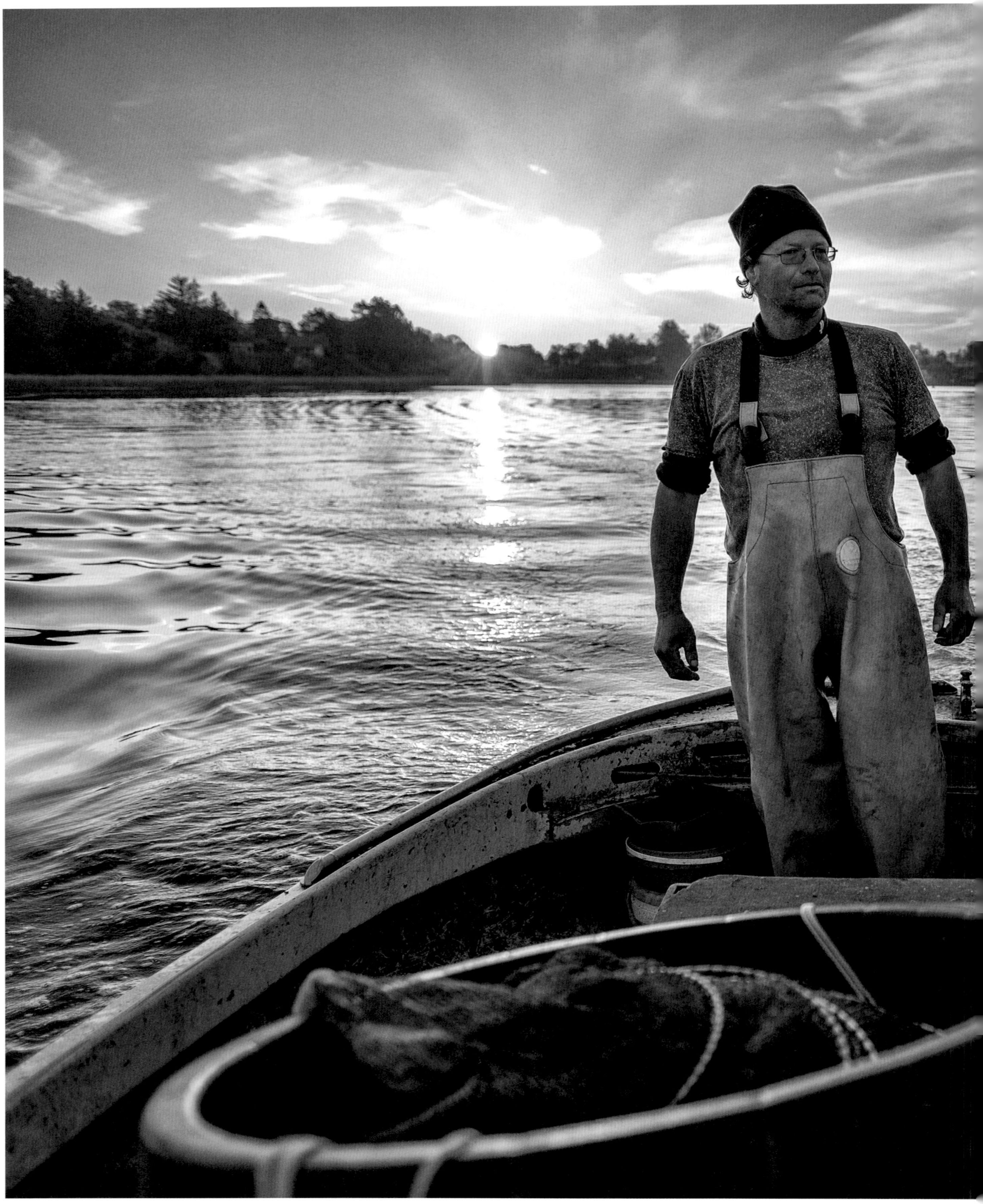

Für den Aalfang gerüstet: Im Licht der ersten Sonnenstrahlen nimmt Matthias Nanz Kurs auf die Große Breite der Schlei.

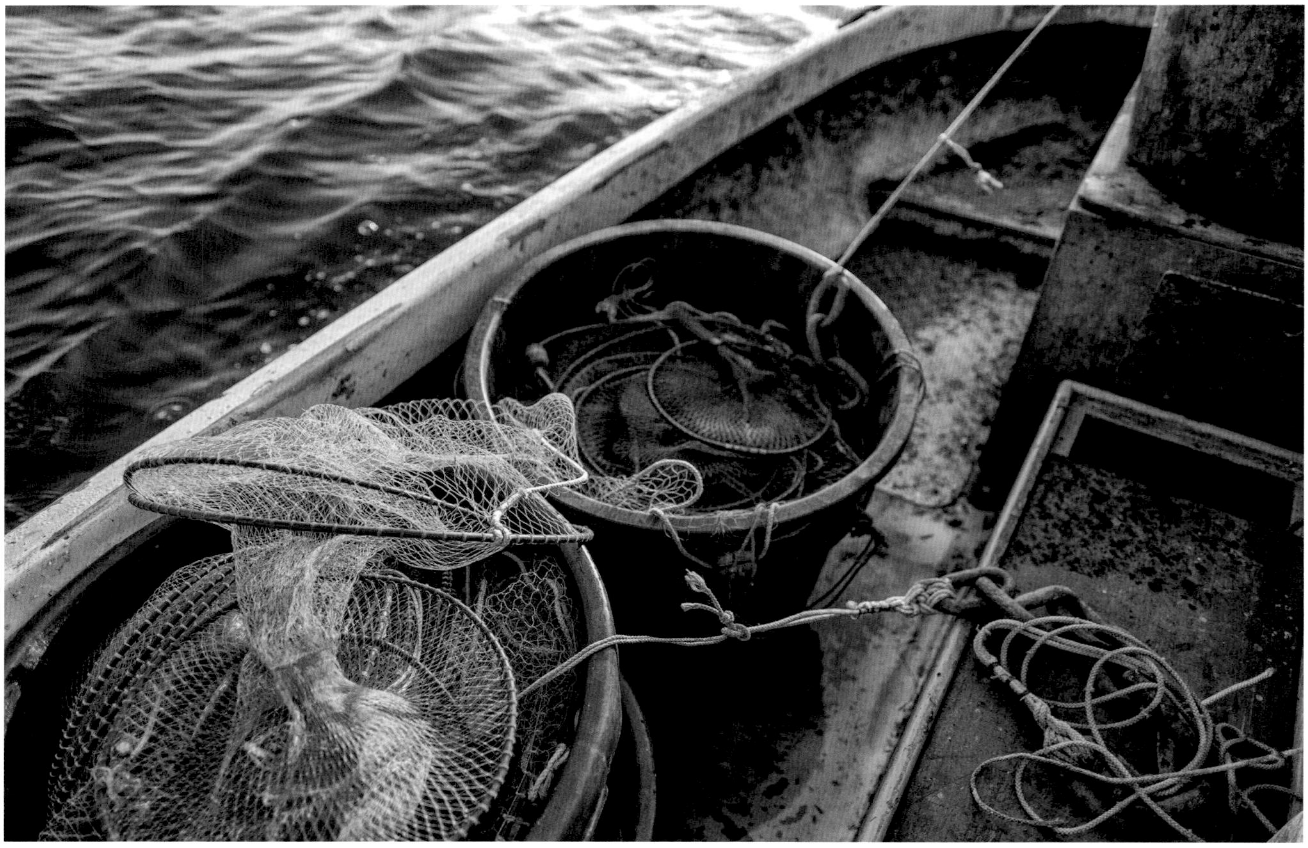

Um Aale zu erbeuten, setzen die Schleifischer Reusen aus, die jeweils sechs bis acht Meter lang sind und zu einer Großreuse zusammengeknotet werden können. Ein solches Reusensystem ist hier auf dem Kahn von Matthias Nanz fertig montiert bzw. während des Aussetzens bei laufender Fahrt zu sehen.

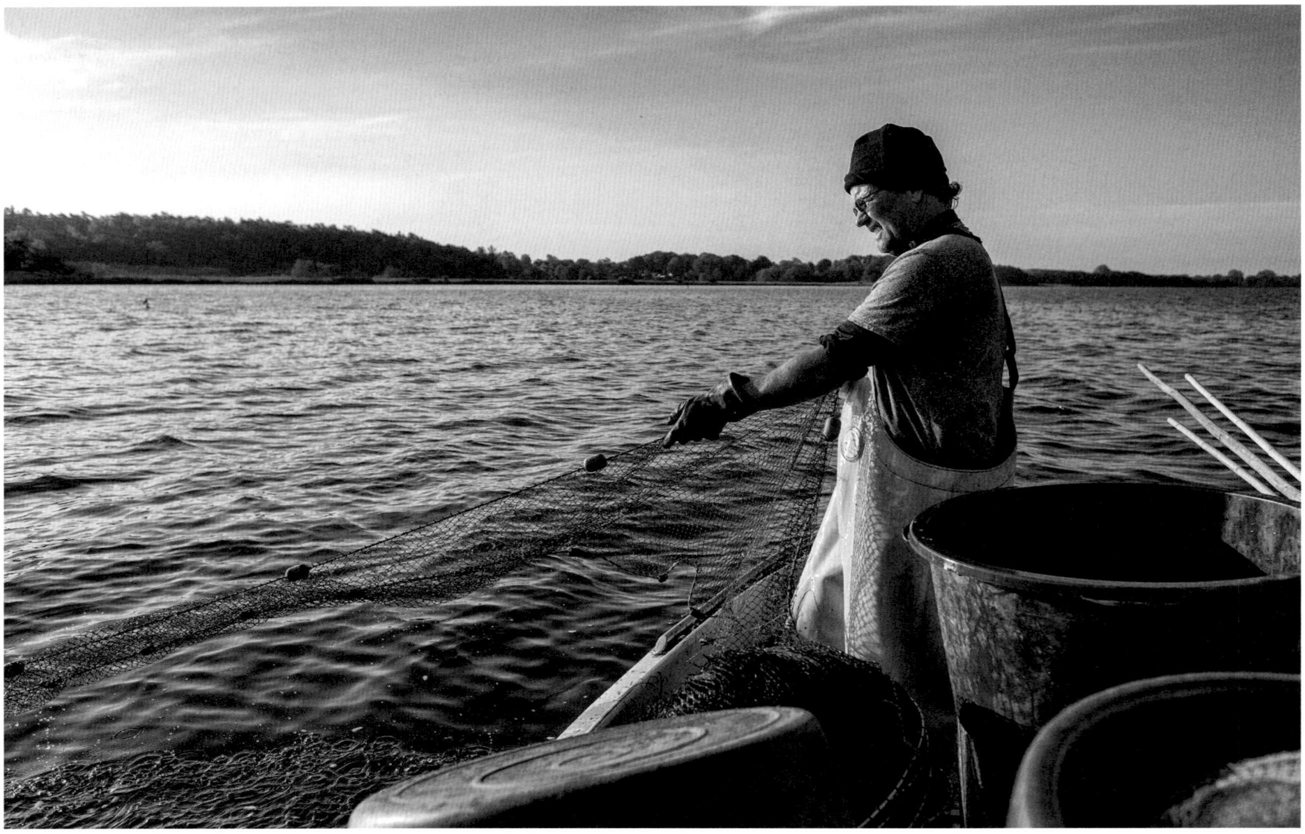

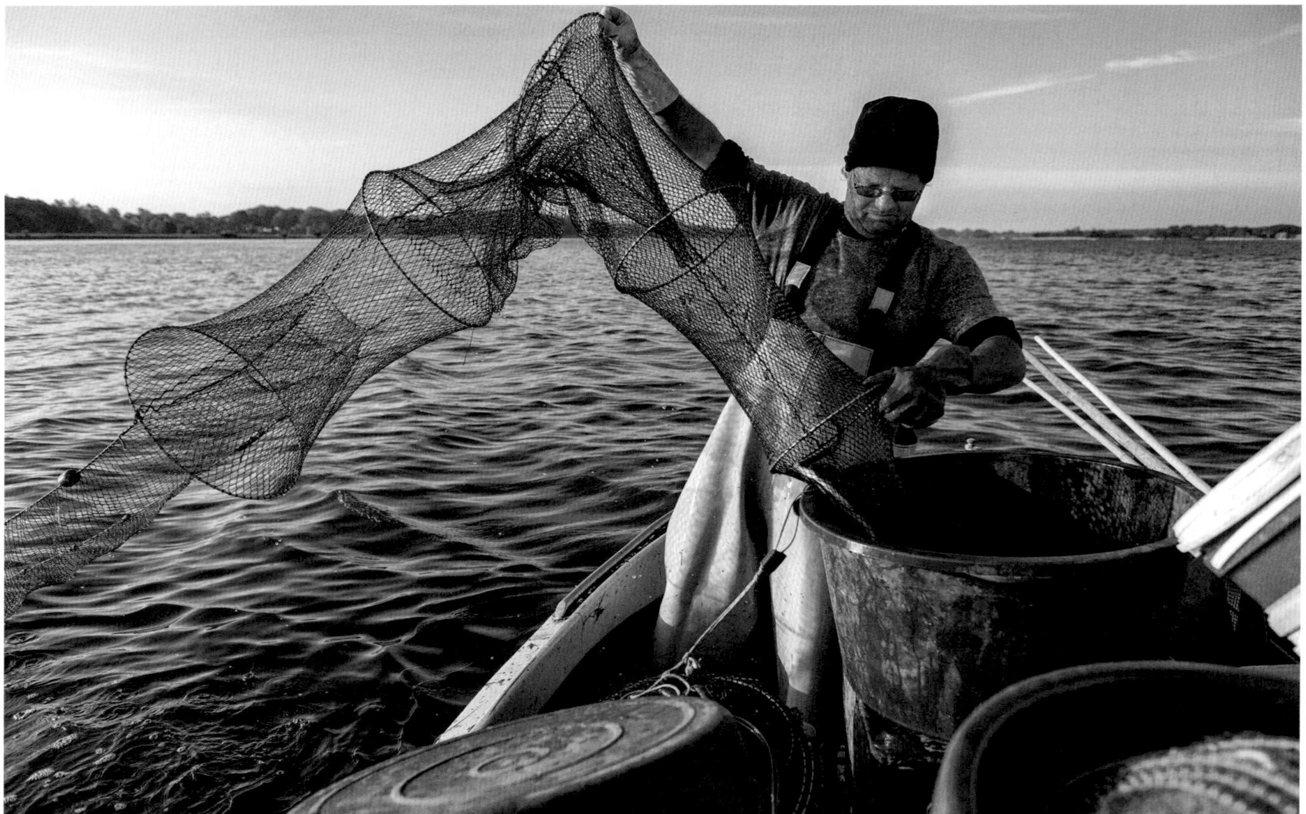

LINKS OBEN Schwerstarbeit: Matthias Nanz beim Einholen einer Großreuse.

LINKS UNTEN Enttäuschung: Nur wenige Aale haben sich in dieser Reuse verfangen.

OBEN Minuten später bereitet Matthias Nanz an anderer Stelle der Großen Breite eine neue Reuse vor. Die Reviere der Holmer Fischer sind übrigens nicht fest abgesteckt. Jeder setzt dort seine Netze und Reusen aus, wo er sich gute Chancen verspricht. Jeder Fischer hat allerdings bestimmte Lieblingsplätze, die er immer wieder ansteuert.

Aus der Froschperspektive beobachtet: Matthias Nanz beim Einholen einer Reuse vor dem Schilfgürtel in der Missunder Enge.

Ausnahmeexemplar: ein Aal mit einem Gewicht von über zwei Kilogramm.

»Beifang« nennen Fischer jenen Teil der Beute, der nicht ihr primäres Ziel darstellt – so wie dieser kräftige Barsch in den Händen von Matthias Nanz an einem Tag im Frühjahr 2019, an dem Aale im Mittelpunkt standen.

Der gekonnte Umgang mit Tauen und Knoten ist für einen
Schleifischer tägliches Brot.

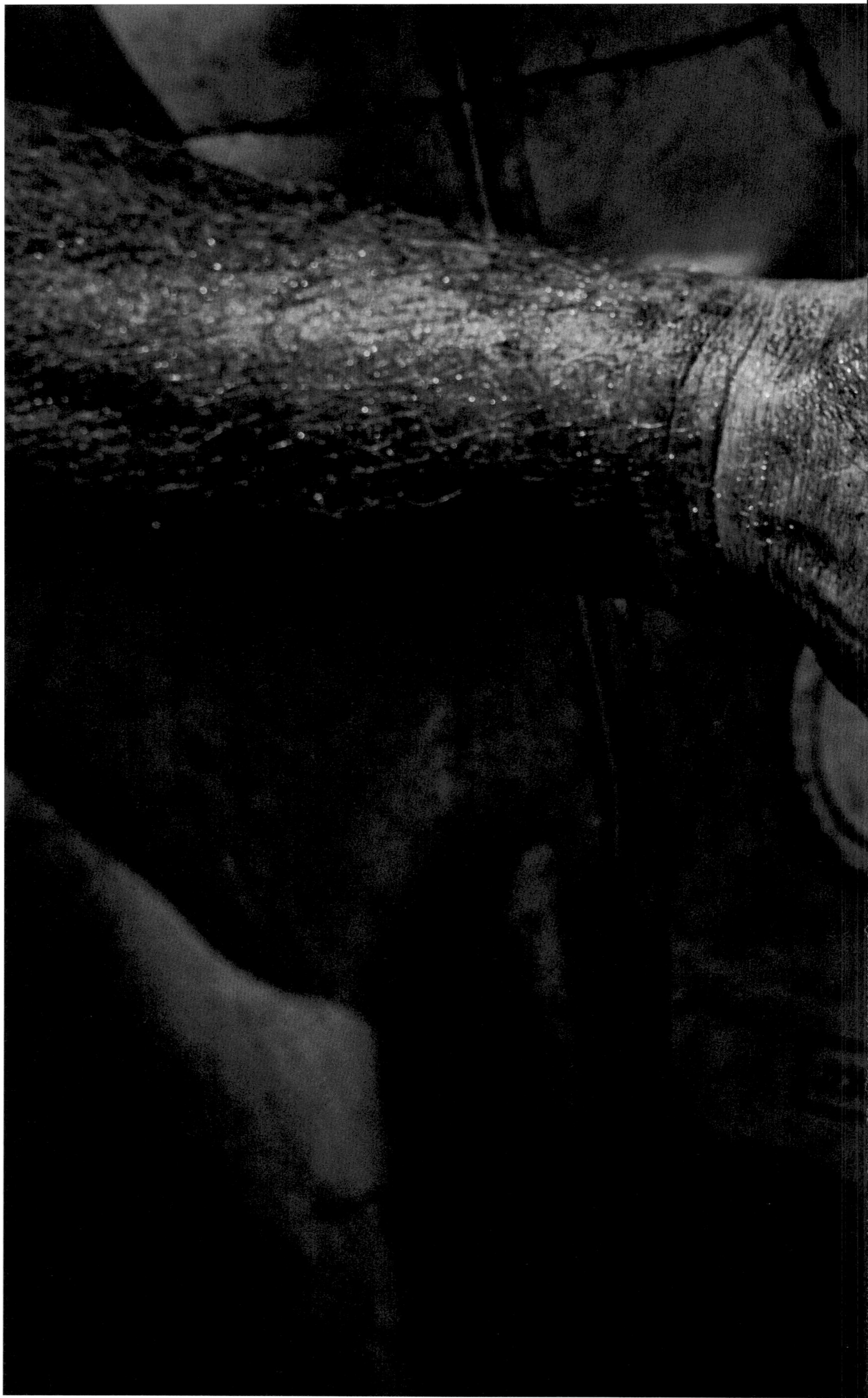

Das Säubern der Hände markiert das Ende
des Arbeitstages.

INVASION DER KORMORANE, RIPPENQUALLEN UND SCHWARZMUNDGRUNDELN

Wohl an keinem anderen einheimischen Tier scheiden sich die Geister so sehr wie beim Kormoran. Als Nahrungskonkurrent des Menschen lange Zeit intensiv bejagt, galt der Kormoran um 1920 in Mitteleuropa als ausgerottet. Mittlerweile sollen in Deutschland wieder rund 25 000 Brutpaare leben.

2010 wählten der NABU und der Landesbund für Vogelschutz in Bayern den Kormoran zum »Vogel des Jahres«. Die beiden Verbände wollten sich damit offensiv für den Schutz des Kormorans einsetzen, der »wieder zu Tausenden geschossen und vertrieben wird«, wie es in der Begründung hieß. Diese Wahl löste unter Fischereiverbänden einen Proteststurm aus. Ihre Interessenvertreter argumentierten, dass große Populationen von Kormoranen die Fischbestände drastisch reduzieren und nachhaltigen Schaden durch die Vernichtung der Jungfische anrichten können. Deshalb müsse es möglich sein, das Kormoran-Vorkommen zu kontrollieren.

Bei dieser bis heute kontrovers geführten Diskussion ist unbestritten, dass Kormorane große Mengen Fisch bei ihren Unterwasserraubzügen erbeuten und vertilgen: Es sind zwischen 300 und 500 Gramm pro Vogel am Tag. Daher liegt es auf der Hand, dass eine lokale Kormoranpopulation von einigen hundert, vielleicht sogar mehr als tausend Vögeln zumindest vorübergehend zu einem drastischen Rückgang der Fischbestände in dem betreffenden Gewässer führen kann.

Ende Februar 2020 sorgte das gewaltige Ausmaß der Kormoranbestände an der Schlei für Schlagzeilen. Tausende der schwarzen Vögel hatten sich auf der Möweninsel vor Schleswig niedergelassen. Von diesem Stützpunkt brachen sie einzeln oder in Gruppen zu ihren Unterwasserbeutezügen in der Schlei auf.

Ein weiterer Kontrahent für die Schleifischer sind Rippenquallen, auch Meerwalnüsse genannt. Eigentlich sind die Tiere keine Quallen. Sie sehen nur so aus, gelten aber zoologisch als eigener Stamm. Die Heimat der Rippenqualle ist die Ostküste Nordamerikas. Dort gibt es andere Quallen, die die Meerwalnuss wegfressen und eindämmen. Nicht so in Europa: Weil diese Fressfeinde hier fehlen, kann sich die räuberische Meerwalnuss extrem gut vermehren und zu einer ernsthaften Bedrohung für die Ökosysteme werden.

Ob an der Ostsee einschließlich der Schlei ein Horrorszenario droht, wie es das Schwarze und das Kaspische Meer bereits erlebten, lässt sich nicht vorhersagen. Dort veränderte eine Invasion von Rippenquallen beide Ökosysteme massiv. Innerhalb weniger Jahre kollabierte der Sardellen-Fischfang als wichtiger Erwerbszweig.

Kormorane und Rippenquallen sind nicht das einzige Problem für die Fischbestände und die Zukunft der Berufsfischerei an der Schlei. Aus Sicht der Fischer gibt es einen weiteren Gegenspieler: die Schwarzmundgrundeln.

Diese invasive Fischart, die sich explosionsartig in Nord- und Ostsee sowie den verbundenen Gewässern ausgebreitet hat, tritt gegenüber vielen heimischen Arten als Nahrungs- und Raumkonkurrent auf und bedroht damit deren Existenz – seit gut fünf Jahren auch in der Schlei.

Mitten im heftigen Schneegestöber startete dieser
Kormoran nach einem Tauchgang im Selker Mühlenteich
südlich von Schleswig.

OBEN Ende Februar 2020 versammelten sich unzählige Kormorane auf der Möweninsel in Sichtweite der Stadt Schleswig. Die schwarzen Vögel nutzen die Insel als Stützpunkt für ihre Jagd nach Heringen und anderen Schleifischen.

UNTEN Kormorane fressen nicht nur große Mengen Fisch, sondern verletzen auch viele, wie diese Aufnahme vom März 2020 zeigt.

Kieholm, auch Liebesinsel genannt, ist eine kleine Insel im zentralen bis westlichen Teil der Schlei. Durch den Kot von Kormoranen sind alle Bäume abgestorben.

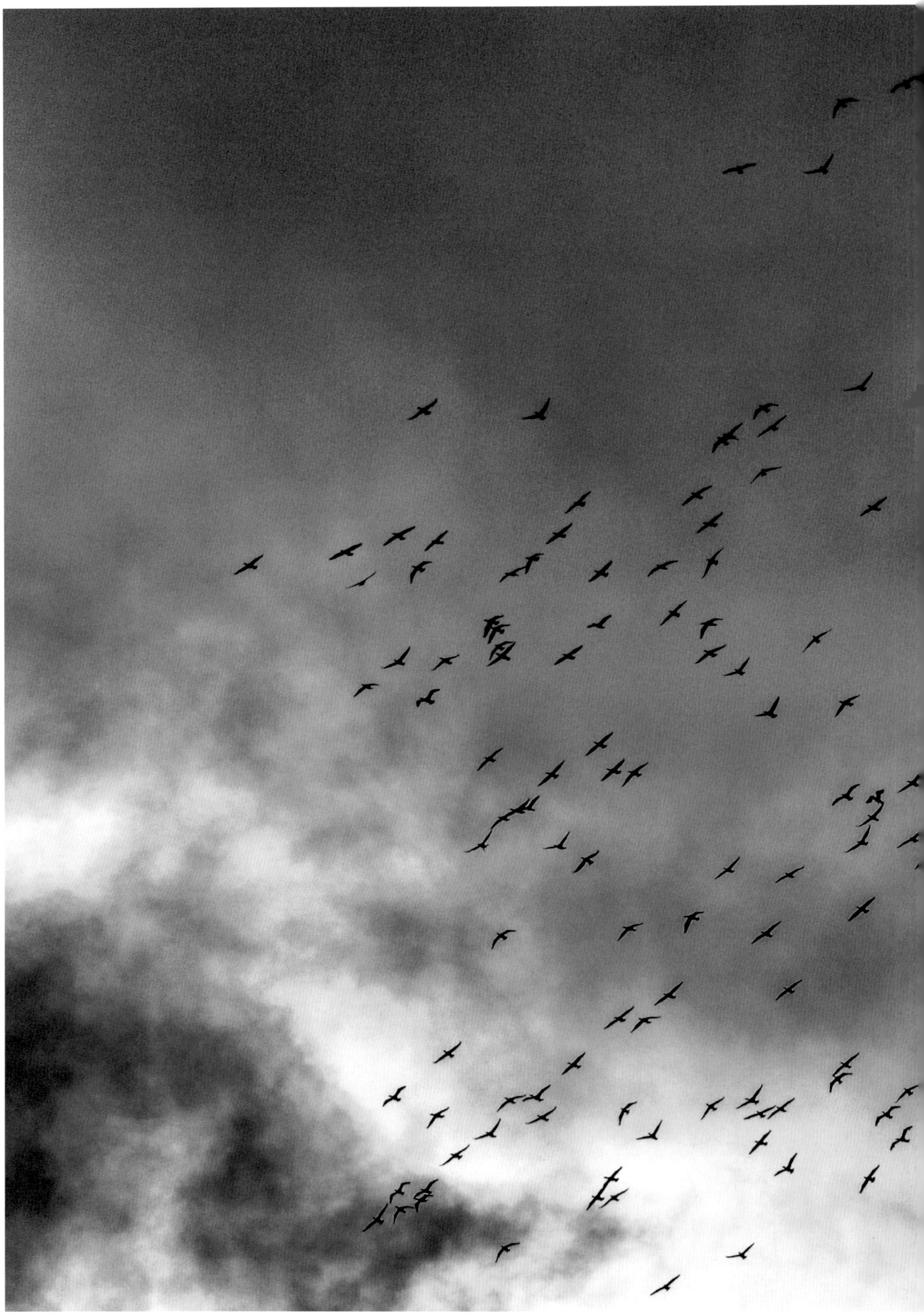

Ein Schwarm Kormorane verdunkelt den Himmel
über der Schlei bei Schleswig.

Invasionen von Rippenquallen sind eine neue Herausforderung für die Fischer an der Schlei. Die Reusen sind zeitweise mit Quallen verstopft, wie hier im Spätsommer 2019. Der Fischfang kommt dann zum Erliegen.

Erhebliche Muskelkraft ist erforderlich, um die mit Rippenquallen gefüllten Netze und Reusen an Bord zu ziehen.

84

LINKS OBEN Mit großem Aufwand müssen die Fanggeräte von den Quallenresten gereinigt werden. Die Arbeitskleidung zeigt die Spuren des Kampfes gegen die Quallenpest.

LINKS UNTEN Rippenquallen werden bis zu zehn Zentimeter lang. Wo sie sich ausbreiten, verschwinden die Fische.

OBEN Schwarzmundgrundeln, die »kleinen Monster«: Hier hält Matthias Nanz zwei frisch gefangene Exemplare in seinen Händen.

FISCHFANG IM HERBST UND WINTER

»Der Beruf des Fischers ist ein freier und schöner«, schrieb ein Chronist 1935, »denn sein Arbeitsfeld ist die weit ausgedehnte herrliche Schlei mit ihren abwechslungsreichen Ufern, Buchten und Nooren.«

Die Wirklichkeit war – und ist – allerdings weniger romantisch, als es hier formuliert wurde.

Natürlich: Es gibt Momente, da präsentieren sich dem Auge eines Schleifischers die schönsten Lichtstimmungen und spannendsten Naturerlebnisse. Doch meistens bleibt keine Zeit, solche Impressionen lange zu genießen. Das Steuern des Bootes und der Fischfang erfordern höchste Konzentration.

Und dann sind da die vielen Tage, an denen ein Fischer mit den Unbilden der Witterung kämpfen muss: mit Wind, Regen, Schnee und Frost. So wie am 14. November 2019, als ich frühmorgens vor Sonnenaufgang in das Boot von Matthias Nanz am Liegeplatz in Missunde steige. Die Temperatur liegt kaum über dem Gefrierpunkt und die Kälte scheint uns förmlich unter die Haut zu kriechen. Von Fischerromantik keine Spur.

Das Zielgebiet dieser spätherbstlichen Fangfahrt ist die Große Breite der Schlei, wo Matthias Nanz seine Netze ausgelegt hat. Es sind Netze mit einer Maschenweite, die zum Fang von Flundern – von den Fischern auch Struvbutt genannt – optimiert ist. Plattfische sind in dieser Jahreszeit für den Schleswiger Fischwirtschaftsmeister der Haupt-Beutefisch auf der Großen Breite.

Ohne motorische Hilfe, nur mit seiner Muskelkraft, holt der Fischer ein Buttnetz nach dem anderen ein. In manchen Netzen zappeln nur ein paar mäßige Flundern, andere sind leer oder enthalten lediglich untermaßige Plattfische. »Hängt das mit der Wasserqualität der Schlei, genauer gesagt der Überdüngung, zusammen?«, frage ich Matthias Nanz angesichts der überschaubaren Ausbeute an diesem Morgen. »Ja, genau das ist für uns Schleifischer neben den vielen Kormoranen das Hauptproblem. Noch immer fließt Gülle aus der Landwirtschaft in die Schlei und belastet das Wasser. Da sind wir Schleifischer die Leidtragenden.«

Die wissenschaftlichen Erkenntnisse über dieses Problem zeigen inzwischen Wirkung. So kündigte der schleswig-holsteinische Umweltminister Jan Philipp Albrecht im Februar 2019 eine Investition von 220 000 Euro an, um in den nächsten drei Jahren die ökologische Situation in der Schleiregion gemeinsam mit den Kreisen Schleswig-Flensburg und Rendsburg-Eckernförde zu verbessern.

Am 12. Dezember 2019 begleite ich Matthias Nanz erneut bei einer Fangfahrt. An diesem nasskalten Tag fahren wir von Missunde in östliche Richtung zu den Heringsnetzen, die der Holmer Fischer In Höhe des Schleidorfes Ulsnis ausgelegt hatte. Eigentlich gilt das Frühjahr als Herings-Hauptsaison, doch im Herbst ziehen erneut große Schwärme zum Laichen in die Schlei.

Wie lange noch, ist unklar. Denn es ist erwiesen, dass die Heringsschwärme aufgrund des Klimawandels zunehmend kältere Gewässer aufsuchen.

Aber aktuell gibt es weiterhin Heringe in der Schlei. Und zufriedene Fischer wie Matthias Nanz an diesem 19. Dezember 2019.

Vor dem Ablegen am frühen Morgen an einem kalten
Novembertag wirft Matthias Nanz einen letzten Blick auf
den Wetterbericht in seinem Smartphone.

Das Boot vollgepackt mit Fanggeräten und Netz- bzw. Reusenmarkierungen, fährt Matthias Nanz vom Liegeplatz in Missunde zu den Fanggründen in der Schlei. Das Bild entstand am frühen Morgen Mitte November 2019 auf der Großen Breite.

Zielfische an diesem kalten Tag sind Flundern,
von den Schleifischern auch Struvbutt genannt.

OBEN Die Fischer markieren ihre Reusen und Netze mit Fahnen. Rote Fahnen signalisieren, dass hier ein Stellnetz oder eine Großreuse liegt. Es gibt immer doppelte Fahnen am Netzanfang und am Ende. Dazwischen können einzelne Fahnen stehen. Diese Netze liegen oft nur wenige Zentimeter unter Wasser. Schwarze Fahnen zeigen in der Regel eine auf dem Grund liegende Reuse an, die als einzelnes Exemplar sechs bis acht Meter lang ist.

RECHTS OBEN Zwei Flundern im Netz von Matthias Nanz, hier im Bild mit der weißen Unterseite.

RECHTS UNTEN Bei dieser Aufnahme zeigt Matthias Nanz eine Flunder mit ihrer dunklen, an den Gewässerboden angepassten Oberseite.

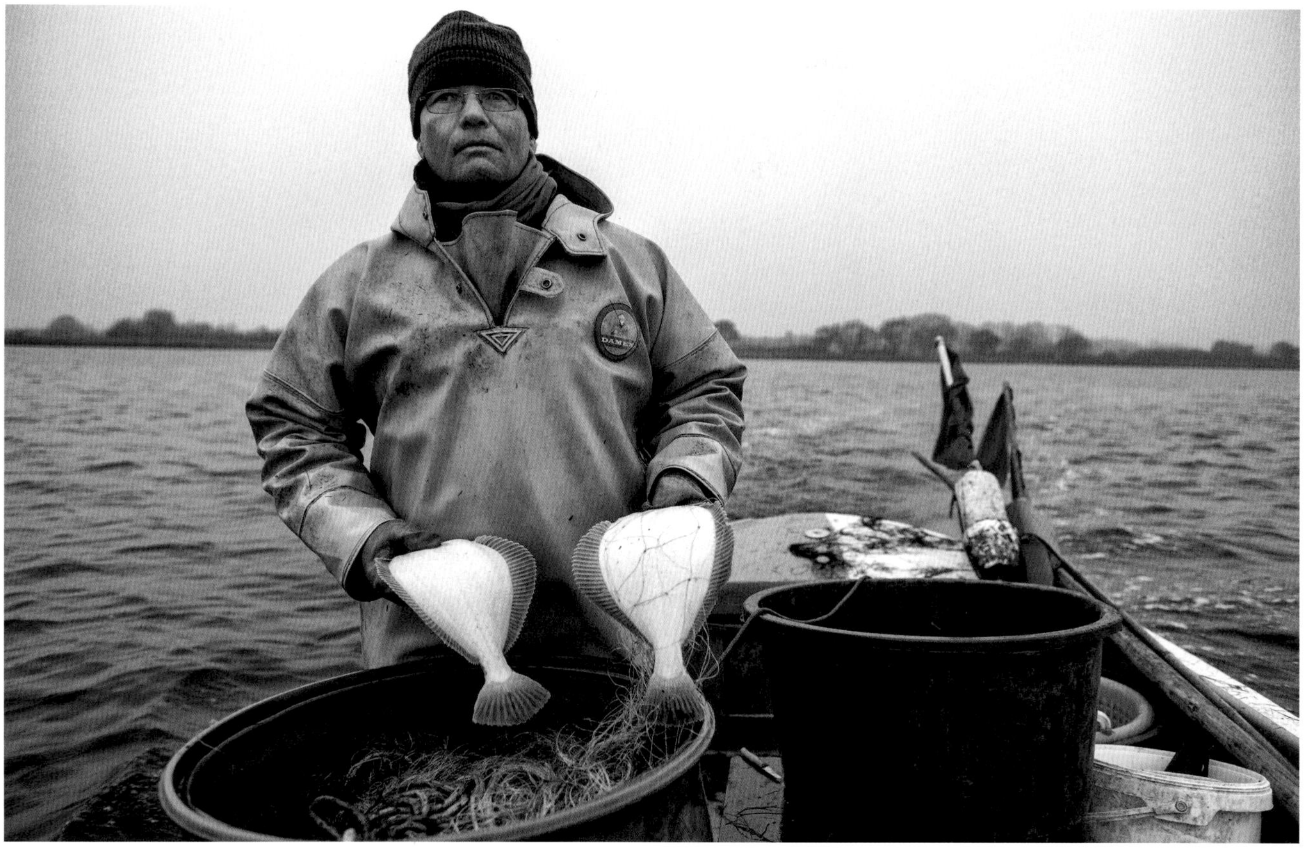

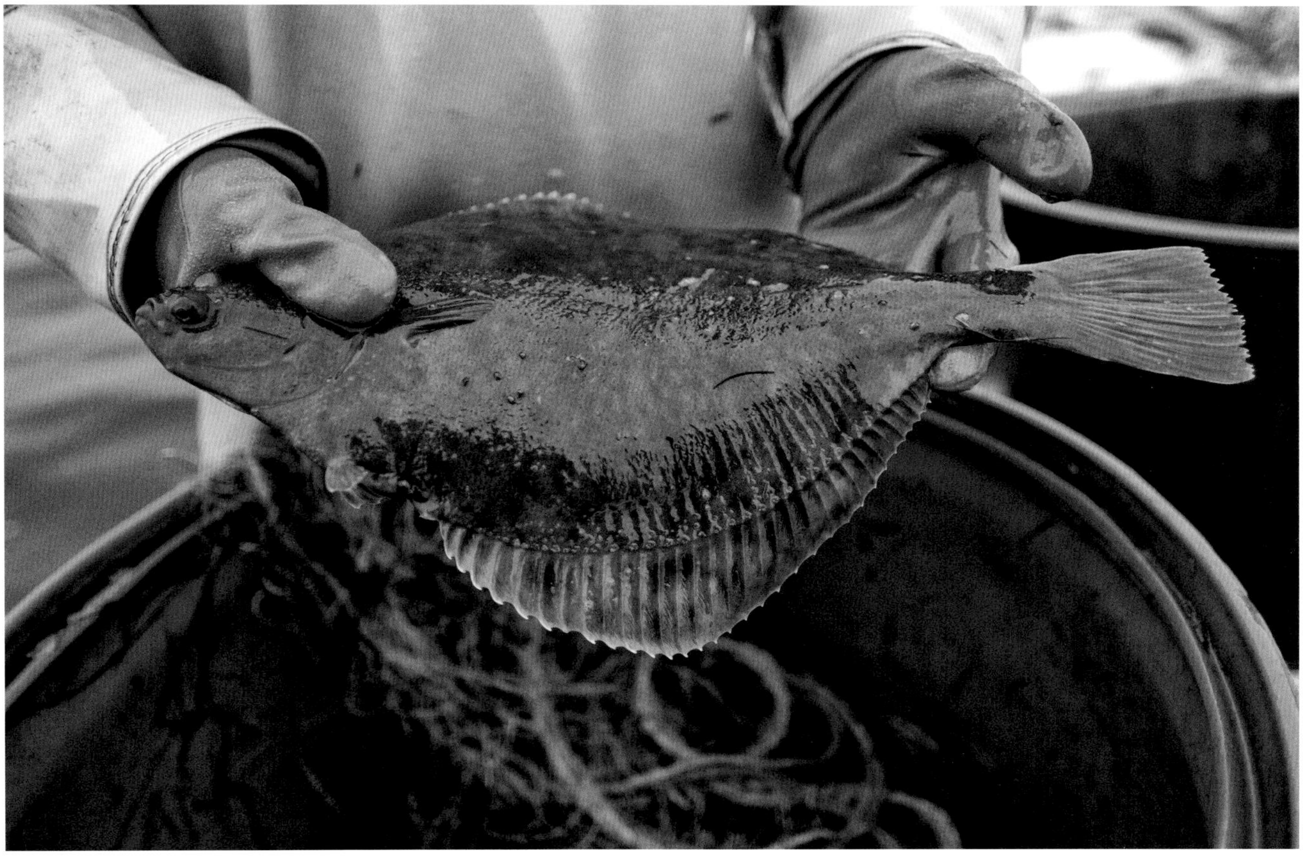

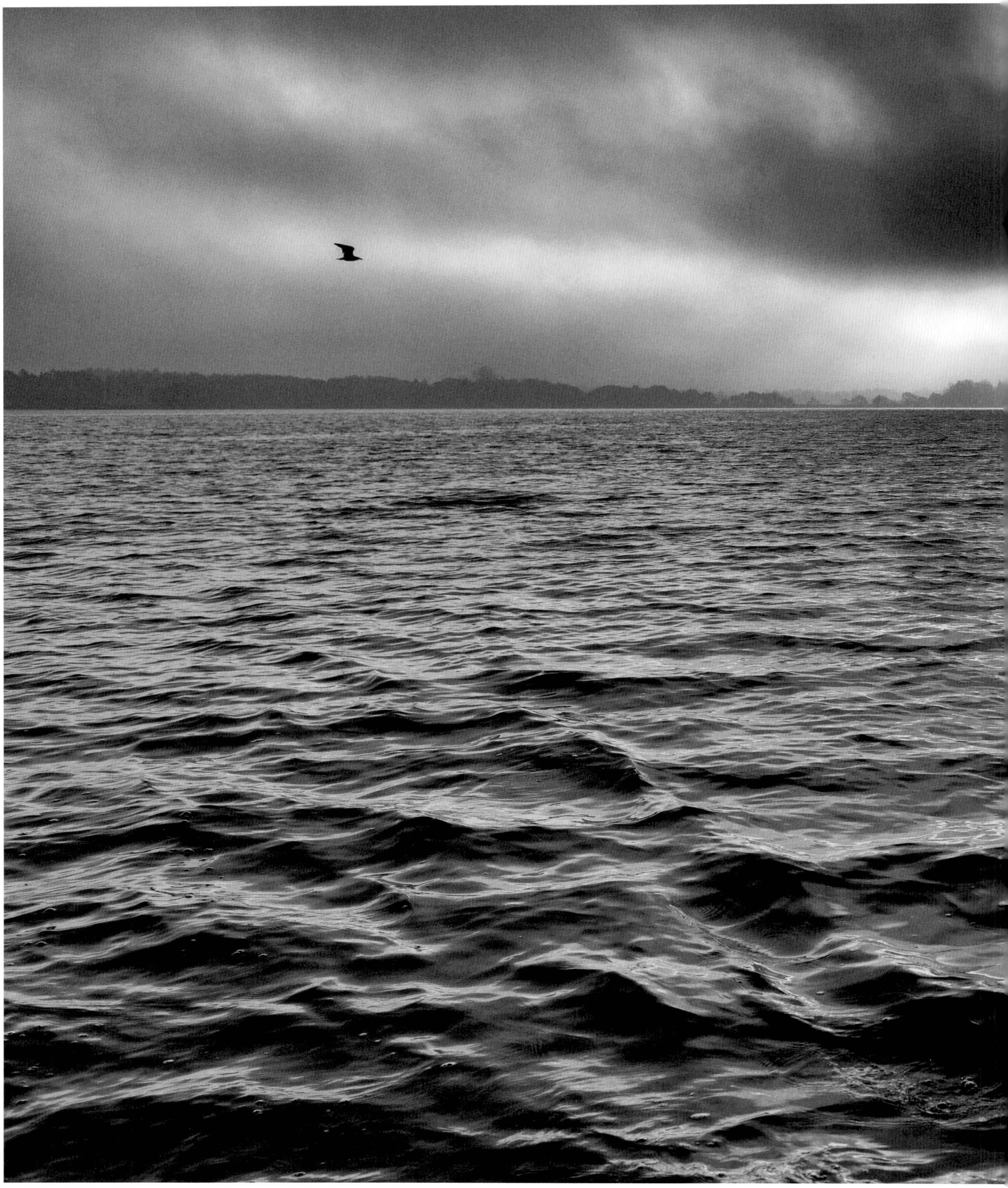

»Das Schönste ist das Alleinsein auf dem Wasser«, sagte Matthias Nanz einmal aus der Perspektive eines Schleifischers. Und dachte dabei an Lichtstimmungen wie diese, im Bild festgehalten vom Bug seines Bootes: ein Novembermorgen 2019 auf der Großen Breite der Schlei.

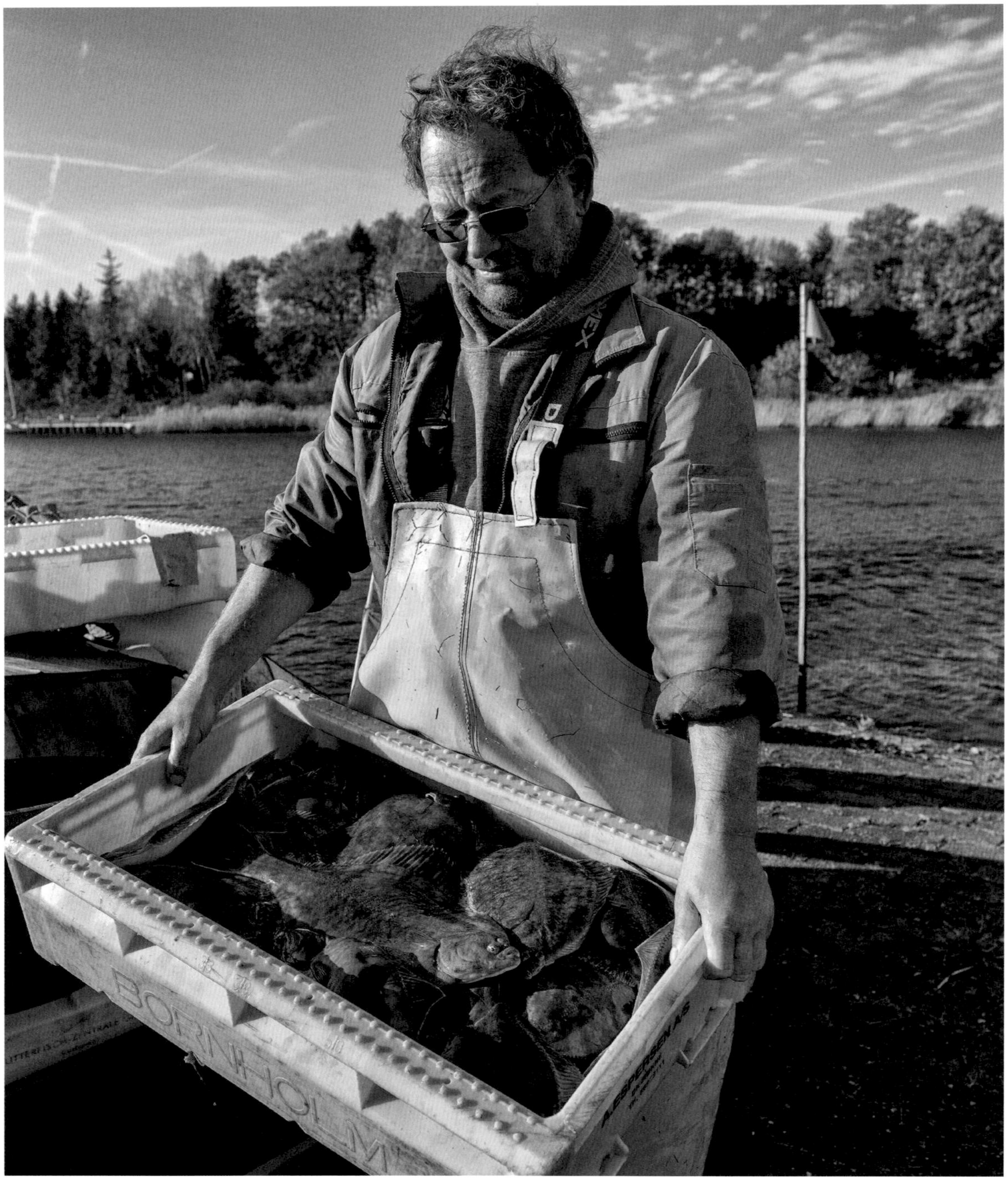

Nach einem erfolgreichen Fischzug im November 2019:
Flundern in der Fischkiste von Matthias Nanz.

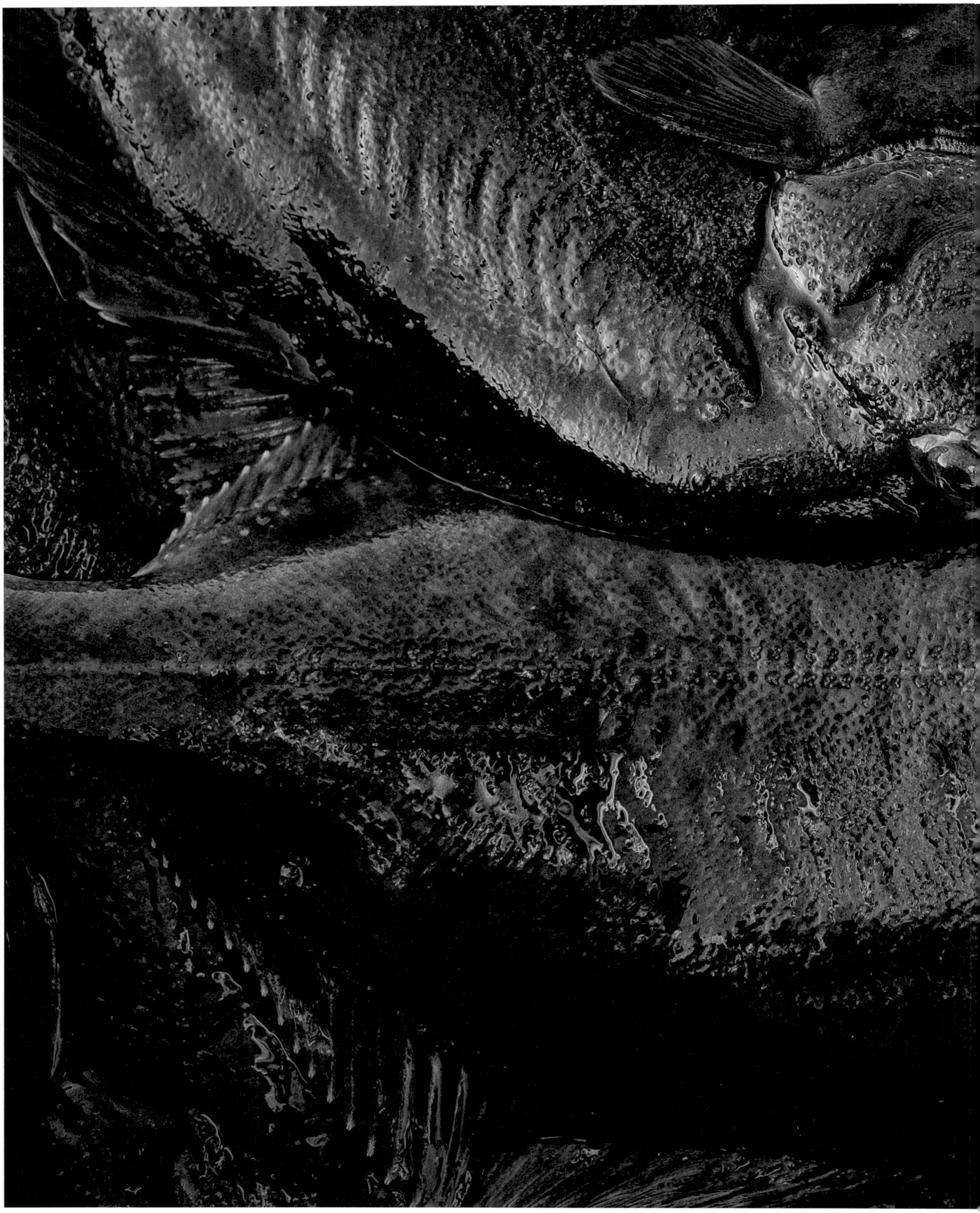

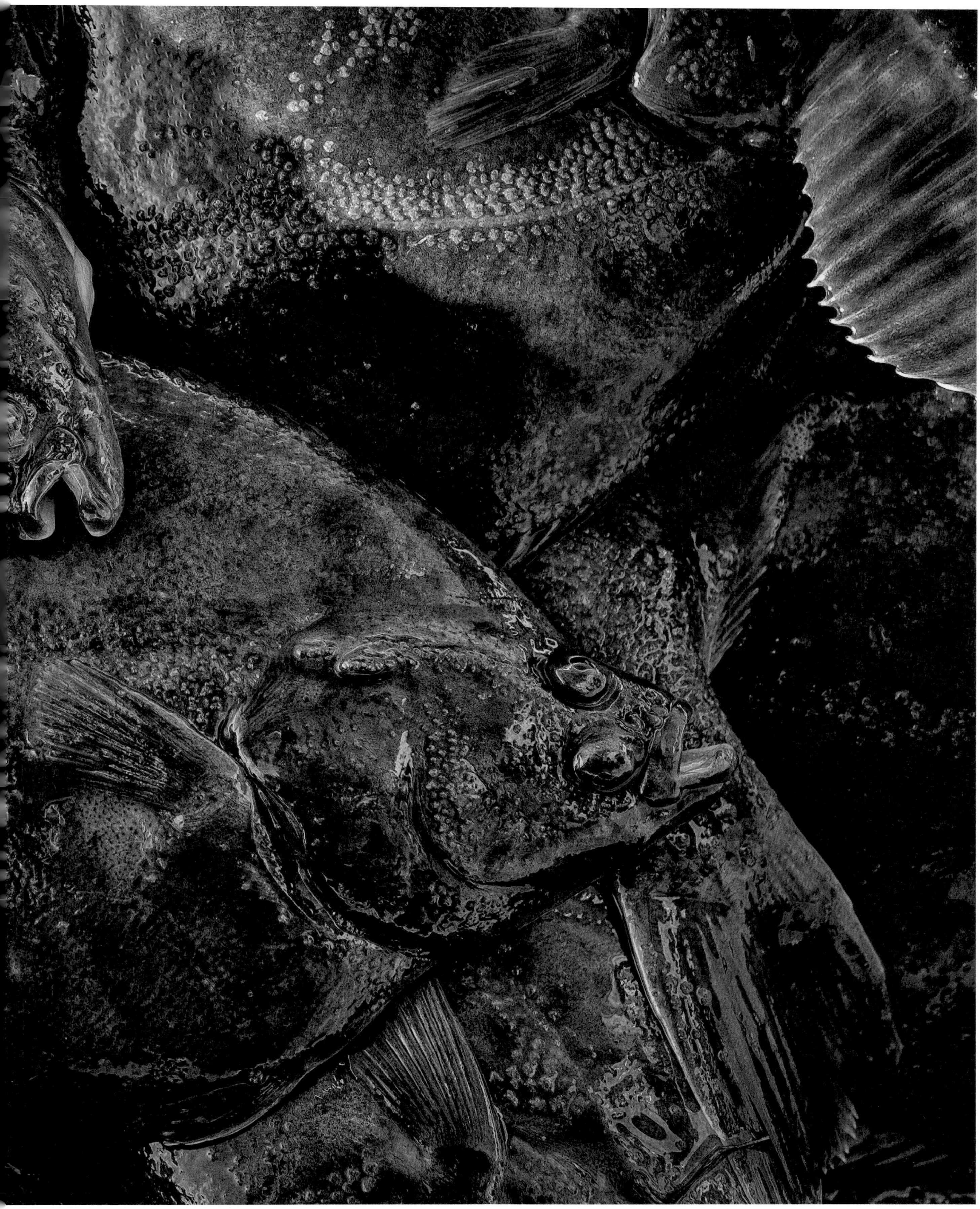

OBEN Eigentlich ist das Frühjahr die Herings-Hauptsaison, doch im Herbst ziehen erneut große Schwärme zum Laichen in die Schlei und sind dann wieder eine begehrte Beute der Schleifischer. Das Einholen der Heringsnetze – hier Mitte Dezember 2019 östlich von Missunde – erfolgt ohne Motorhilfe und ist eine große Kraftanstrengung.

RECHTS OBEN Frisch gefangene Dezember-Heringe: Sie werden schon an Bord von Matthias Nanz ausgenommen …

RECHTS UNTEN … und in kühlem Wasser gelagert.

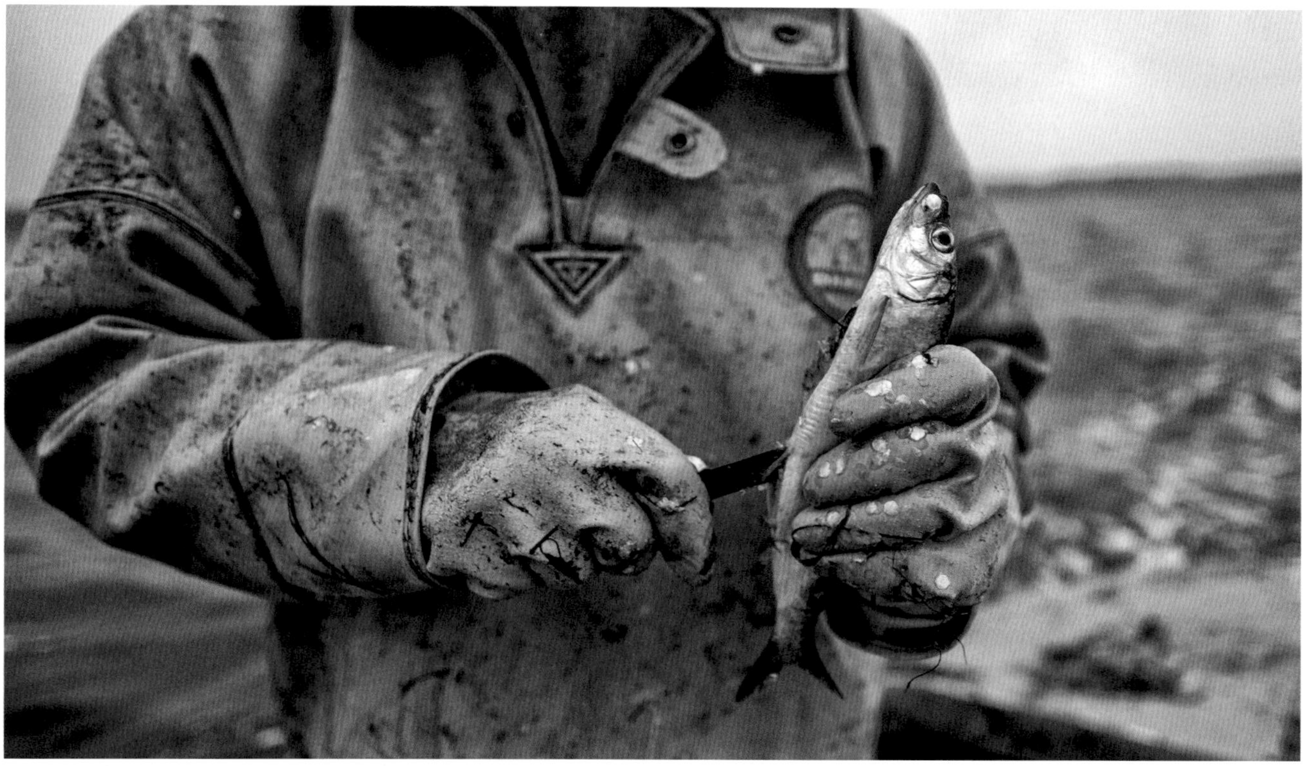

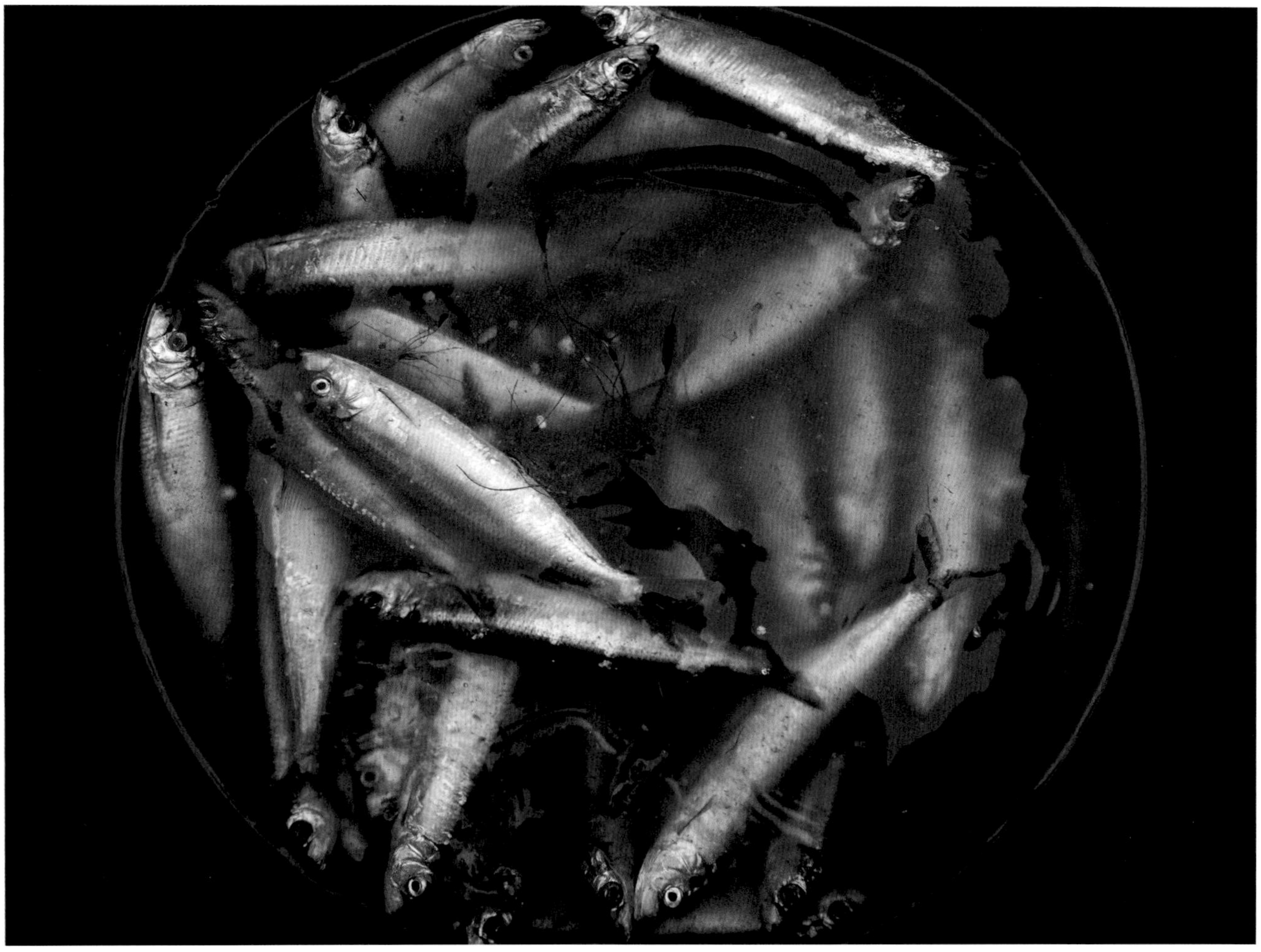

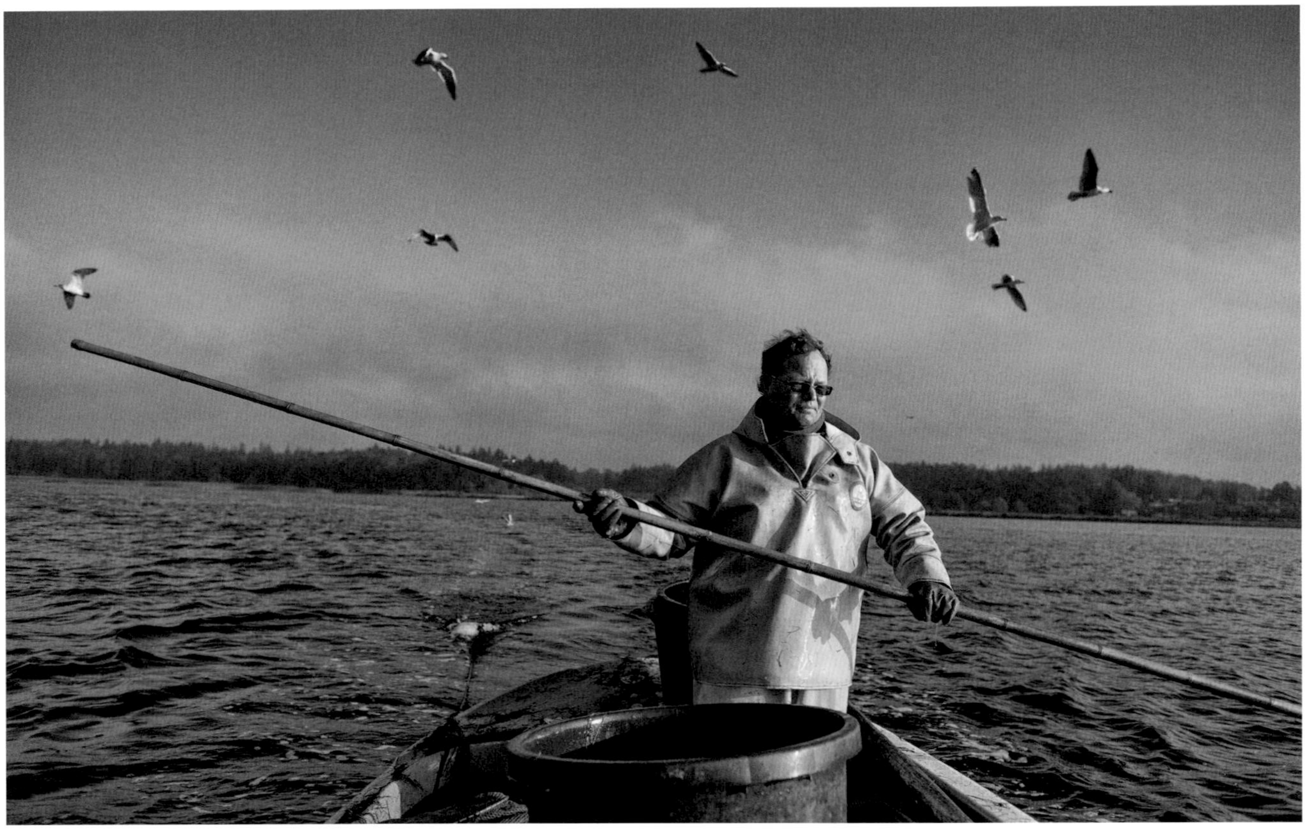

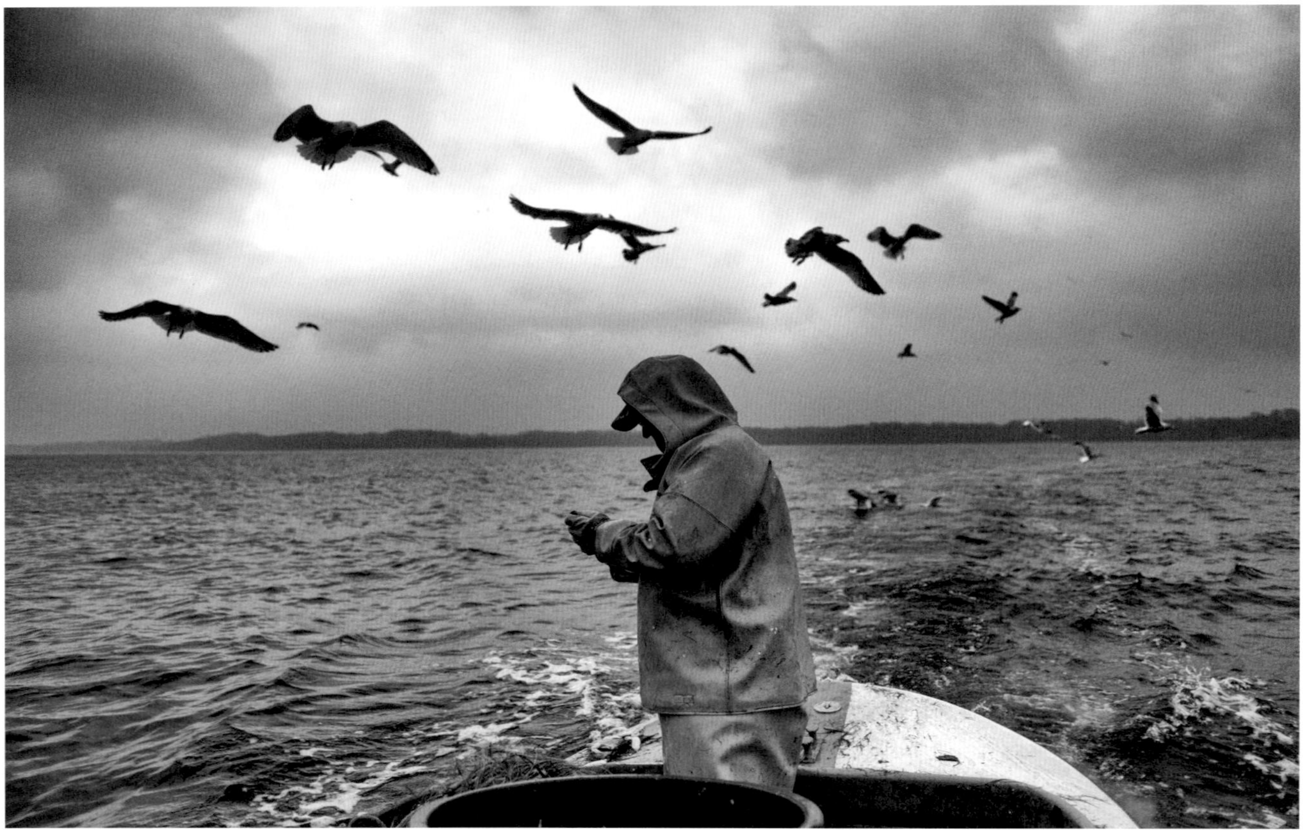

LINKS OBEN Die Schlei ist ein eher flaches Gewässer mit einer durchschnittlichen Tiefe von rund 2,5 Metern. Hier lotet Matthias Nanz mit einer Stange aus, ob die Wassertiefe am östlichen Ufer der Großen Breite bei Weseby für ein Stellnetz ausreicht.

LINKS UNTEN Hungrige Möwen umfliegen den Motorkahn, während Matthias Nanz seine Heringe bei voller Fahrt ausnimmt.

OBEN Zwischenfall auf dem Boot von Matthias Nanz am frühen Morgen im November 2019 auf der Großen Breite der Schlei: Ein Tau hat sich in der Schiffsschraube verfangen. Der Schaden konnte repariert und die Fahrt fortgesetzt werden.

Solange es Wind und Wetter zulassen, fahren die Fischer auch während des gesamten Winters auf die Schlei hinaus, wie hier Matthias Nanz an einem kalten, aber ruhigen Tag im Dezember 2019 bei Missunde.

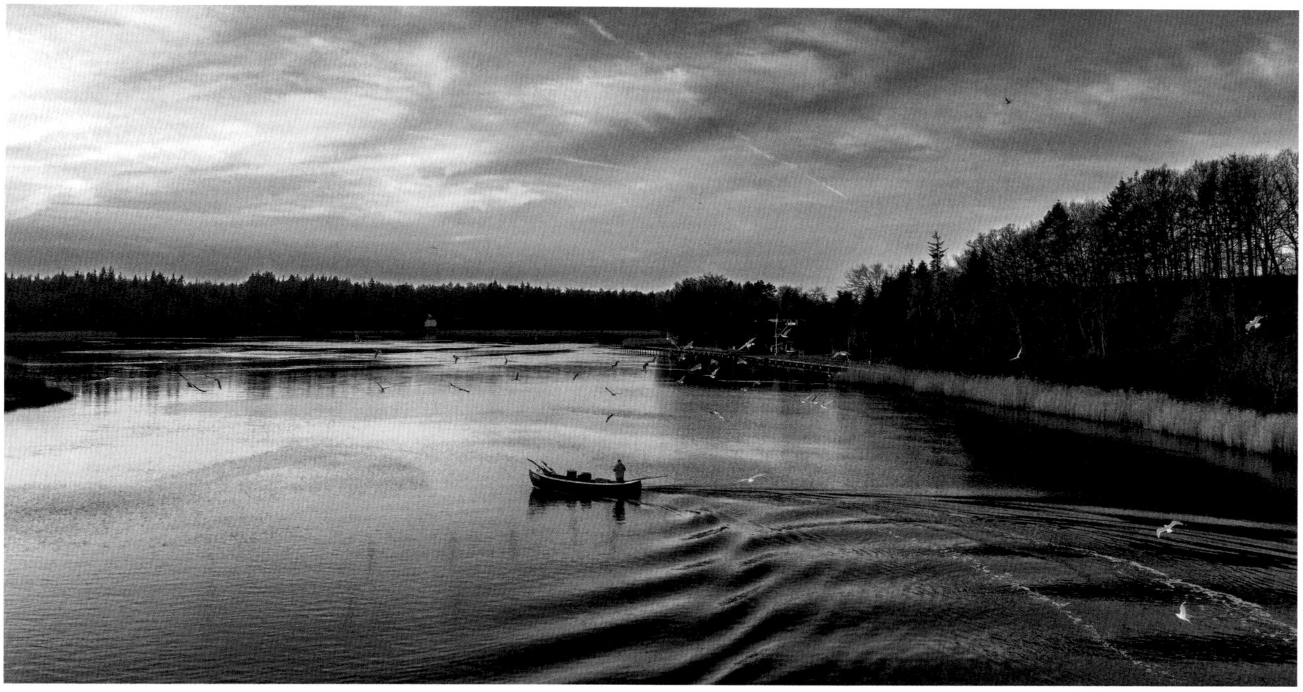

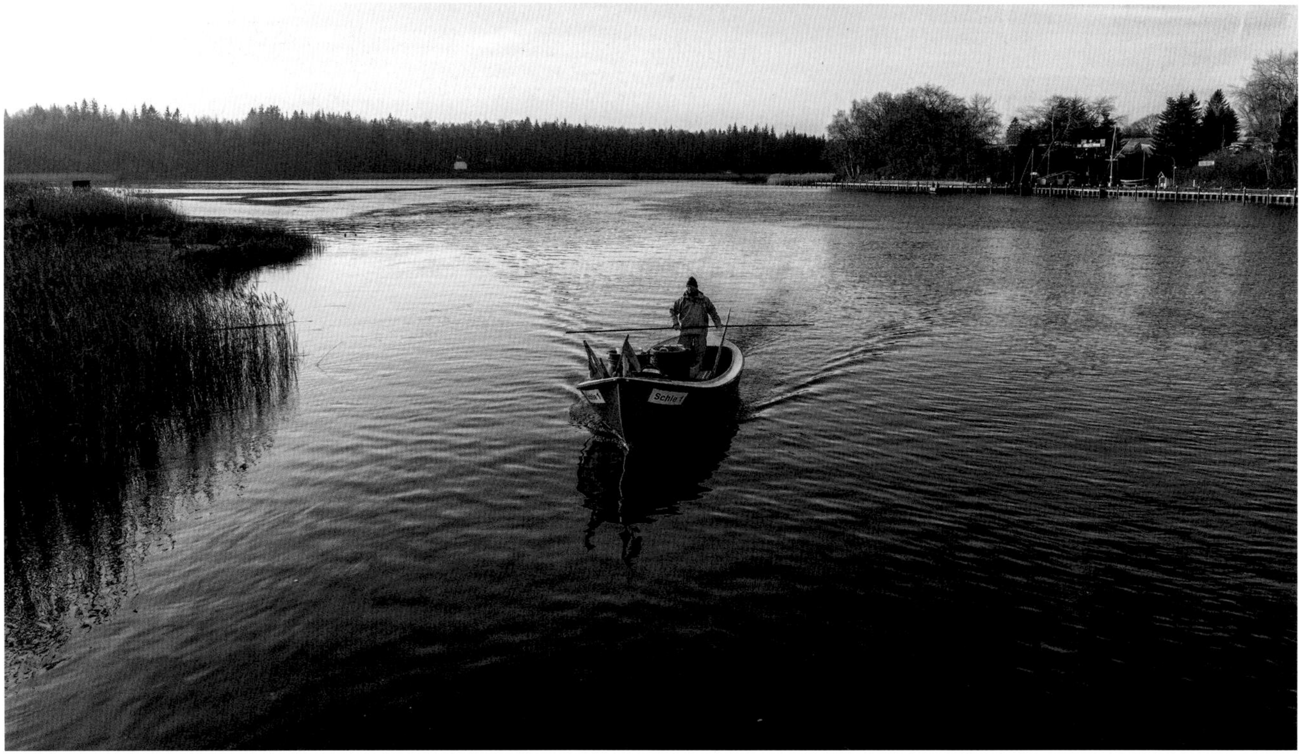

Nach einem langen Fischzug auf der Großen Breite im November 2019: Matthias Nanz in einer Nahaufnahme.

Nach der Rückkehr zu seinem Liegeplatz in Missunde bereitet Matthias Nanz die letzten Fänge des Tages für den Verkauf vor.

DIE FISCHERFAMILIE ROSS

Der 17. Februar 2015 war ein großer Tag für die Fischer in Schleswig: Die Holmer Fischerzunft, der Zusammenschluss der ortsansässigen Berufsfischer mit ihrem 1. Ältermann Jörn Ross an der Spitze, feierte ihren 250. Geburtstag. Dabei gab es schon viel früher, seit dem Mittelalter, Fischer auf dem Holm. Sie bilden wahrscheinlich die älteste Berufsgruppe in Schleswig.

Die Geschichte der Holmer Fischerzunft ist mit dem Namen der Familie von Jörn Ross eng verbunden. Schon lange vor dem Gründungsjahr 1765 lebten und fischten seine Vorfahren in der Schlei. Unvergessen ist sein Vater Harald Ross (1940–2014), der viele Jahre als 1. Ältermann die Geschicke der Zunft leitete.

Von seinem Vater übernahm Fischermeister Jörn Ross das Amt des 1. Ältermannes. Damit ist er »Chef« der fünf aktiven Fischer und der drei Kollegen, die als Senioren weiterhin dazugehören.

Wie sein Vater ist Jörn Ross kein Mensch, der lange um den heißen Brei herumredet. Seine Ansagen sind Holm-typisch: knapp und kernig, natürlich vorzugsweise auf Plattdeutsch und gewürzt mit einem trockenen Humor.

Jörn Ross hat zwei Söhne, Nils und Christian, die ihn als ausgebildete Fischer in seinem Betrieb unterstützen und diesen später übernehmen werden. Die Mitwirkung der beiden Jungfischer ist hochwillkommen, denn der Aktionsradius beschränkt sich schon lange nicht mehr ausschließlich auf die Schlei. Je nach Saison geht es mit dem familieneigenen Kutter »Schle 26« – auch »Filius« genannt – von Kappeln auf die Ostsee hinaus, wo andere Bestände und größere Fänge zu erwarten sind. Hier steht fast immer Christian Ross am Steuer, der Jüngste unter den Holmer Fischern. Er ist dann meistens ganz alleine auf hoher See unterwegs. Das deutsche Schiffsrecht erlaubt solche Ein-Mann-Besatzungen bei Schiffen mit einer Länge unterhalb von 12 Metern. Die »Schle 26« misst exakt 11,54 Meter.

Wenn es lohnenswert erscheint, führen manche Fischzüge bis weit in die westliche Ostsee, mitunter sogar nach Bornholm. Bei einer Maschinenleistung von lediglich 150 PS ist das eine beachtliche Herausforderung für das Schiff und die Motivation des Steuermanns.

Das Bild der Fischerfamilie Ross wäre unvollständig ohne die Erwähnung von Sabine Ross. Als Ehefrau von Jörn ist sie nicht nur für Haus und Hof zuständig, sondern auch eine wichtige Stütze beim Verkauf der Fische. So wird man zum Beispiel von der »Chefin« persönlich bedient, wenn man am Schleswiger Stadthafen den Fisch des Tages aus dem Boot von Jörn Ross kauft.

Jörn Ross ist der 1. Ältermann der Holmer Fischerzunft.

Die Holmer Fischer Jörn, Christian und Nils Ross (von links). In ihrem kleinen Familienbetrieb arbeiten Christian und Nils eng mit ihrem Vater Jörn zusammen.

Während Christian Ross (links) gerne allein mit dem familieneigenen Kutter auf der westlichen Ostsee fischt, arbeitet Nils meistens im Verbund mit seinem Vater Jörn auf der Schlei.

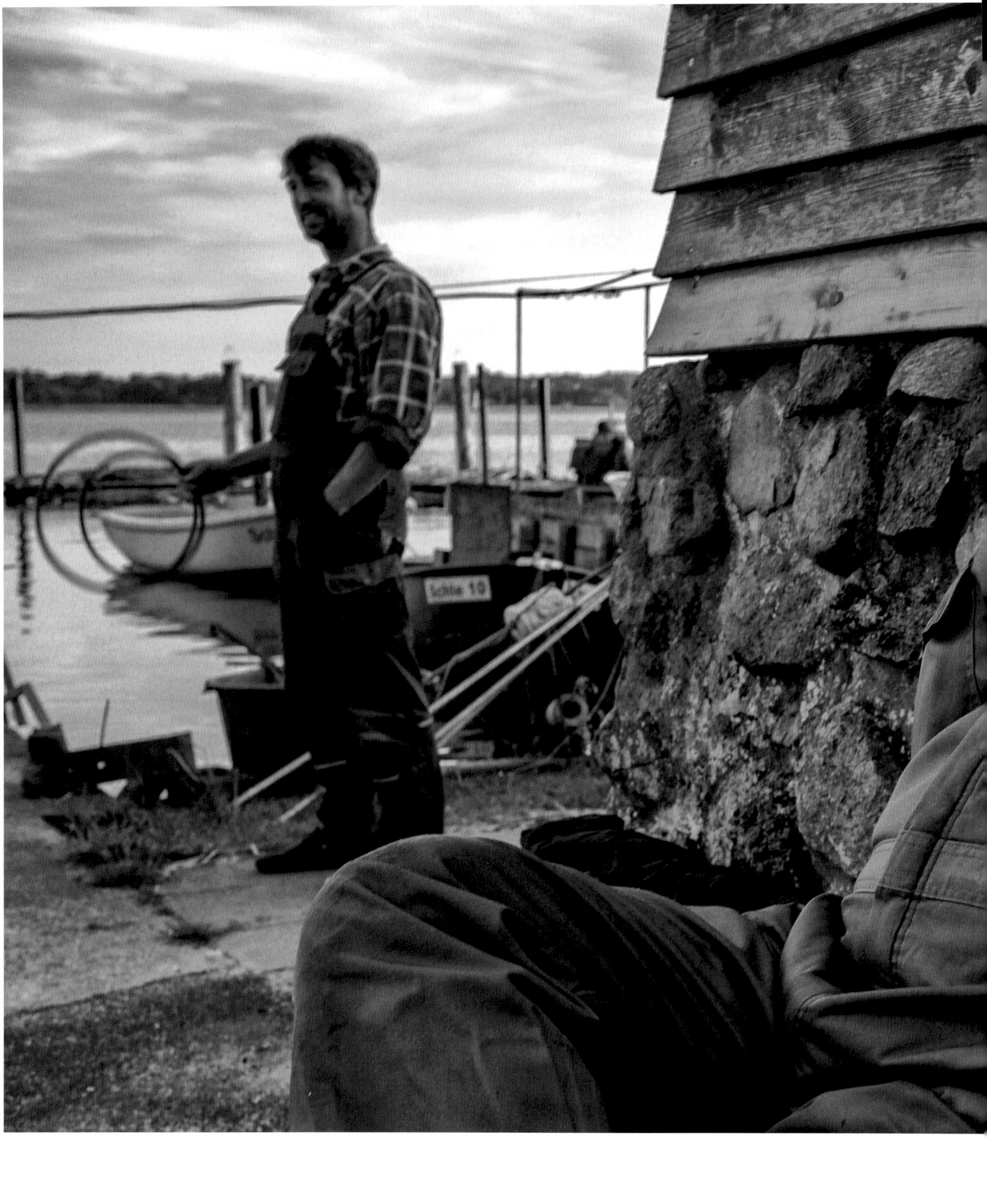

Den Feierabend genießt Jörn Ross gerne mit seiner Frau
Sabine auf einer Bank vor seinem Haus in Nienstadt,
einer ruhigen Seitenstraße in der Fischersiedlung Holm.
Im Hintergrund beobachtet Sohn Nils das Geschehen.

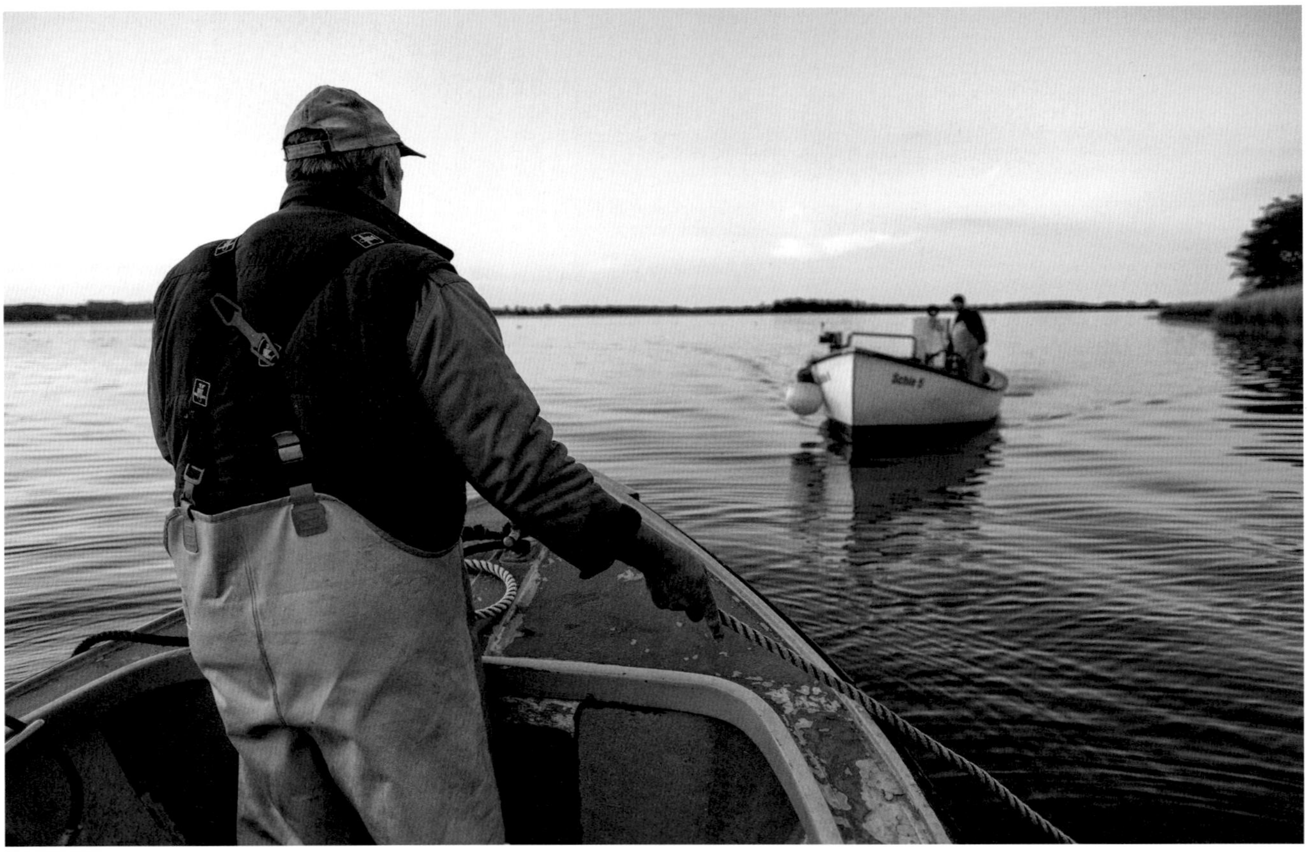
Schle 5
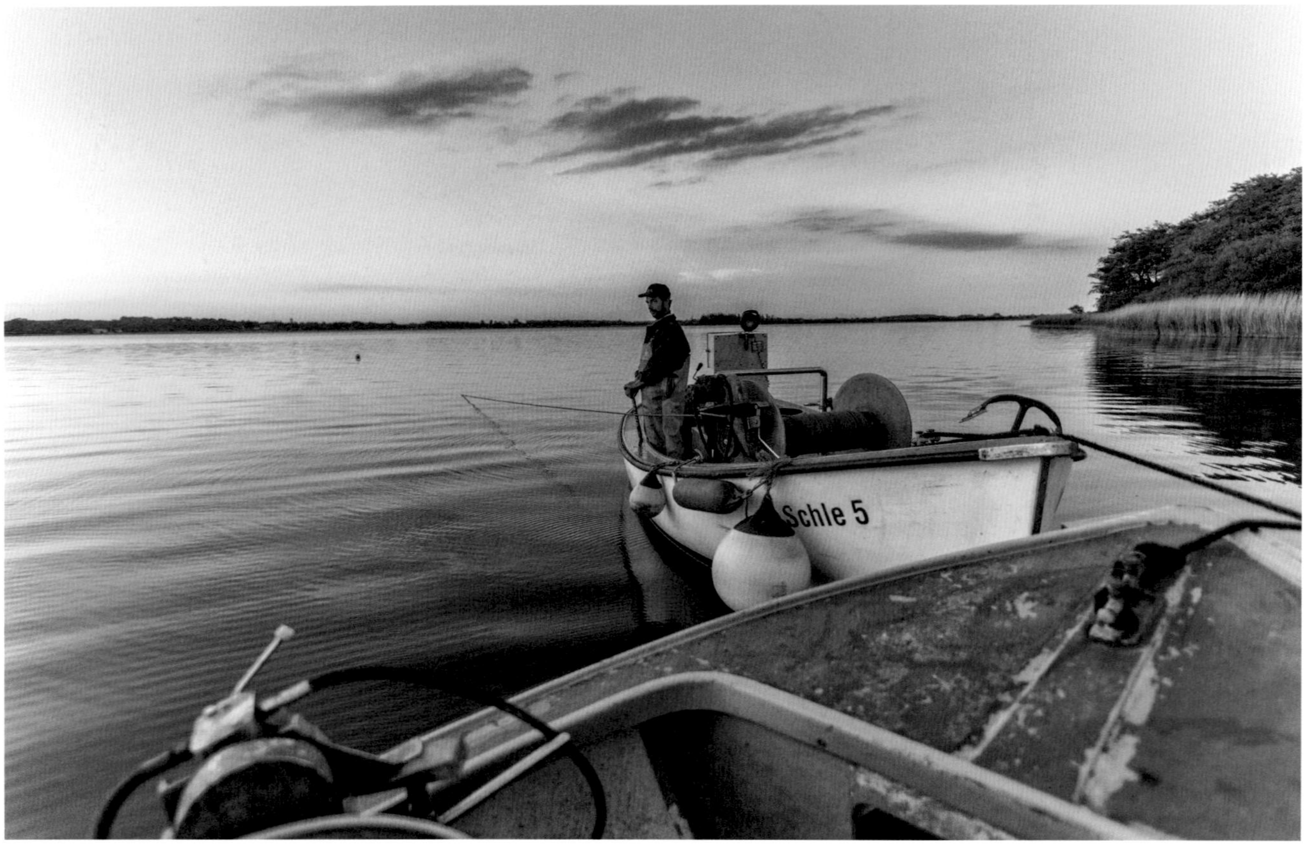
Schle 5

LINKS OBEN Wadenfischen auf der Kleinen Breite der Schlei: Die Wade ist ein großes Zugnetz, das in der Regel von zwei Booten gleichzeitig ausgebracht wird. Nach einem gefahrenen Kreis treffen sich beide Fischerkähne am Ufer wieder, um das Netz einzuholen. Hier erwartet Jörn Ross seinen Sohn Nils im zweiten Kahn.

LINKS UNTEN Nils Ross wartet auf das Zeichen von Vater Jörn zum Einholen der Wade.

OBEN Jörn Ross beim Einholen des Wadennetzes. Höchste Konzentration ist gefragt. Jeder Griff muss sitzen.

Teamwork: Jörn und Nils Ross (links) beim Einholen eines Wadennetzes auf der Kleinen Breite.

Ein ausgelegtes Wadennetz, wie hier auf der Kleinen Breite der Schlei, ist eine komplexe Konstruktion mit einer Länge von 150 Metern oder mehr pro Flügel plus Tauwerk.

OBEN In der Mitte eines Wadennetzes befindet sich der Fangsack – auch Hamen genannt – mit der Beute. Hier ziehen Jörn und Nils Ross ihn gut gefüllt an Bord.

RECHTS OBEN Beim Wadenfischen sind meistens zwei Boote parallel im Einsatz: beim Ausbringen des Netzes in größerem Abstand, bei der Fahrt zum nächsten Fangplatz dicht an dicht wie hier auf der Kleinen Breite mit Jörn und Nils Ross.

RECHTS UNTEN Die Wadentechnik: Nach einem gefahrenen Kreis treffen sich beide Fischerkähne am Ufer wieder, um das Netz einzuholen. Hier fährt Nils Ross seine Kreisrunde, während Vater Jörn im zweiten Boot in die entgegengesetzte Richtung steuert.

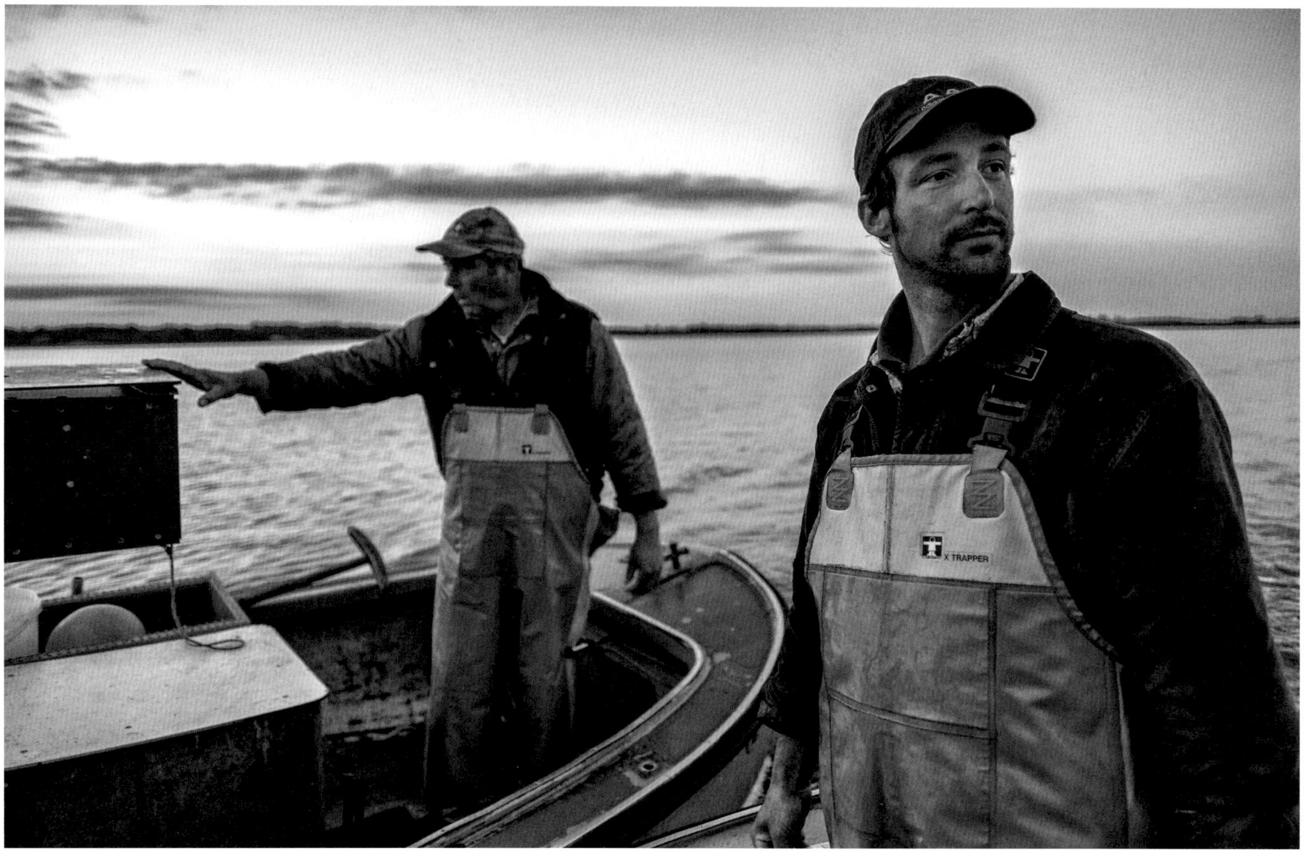
X TRAPPER

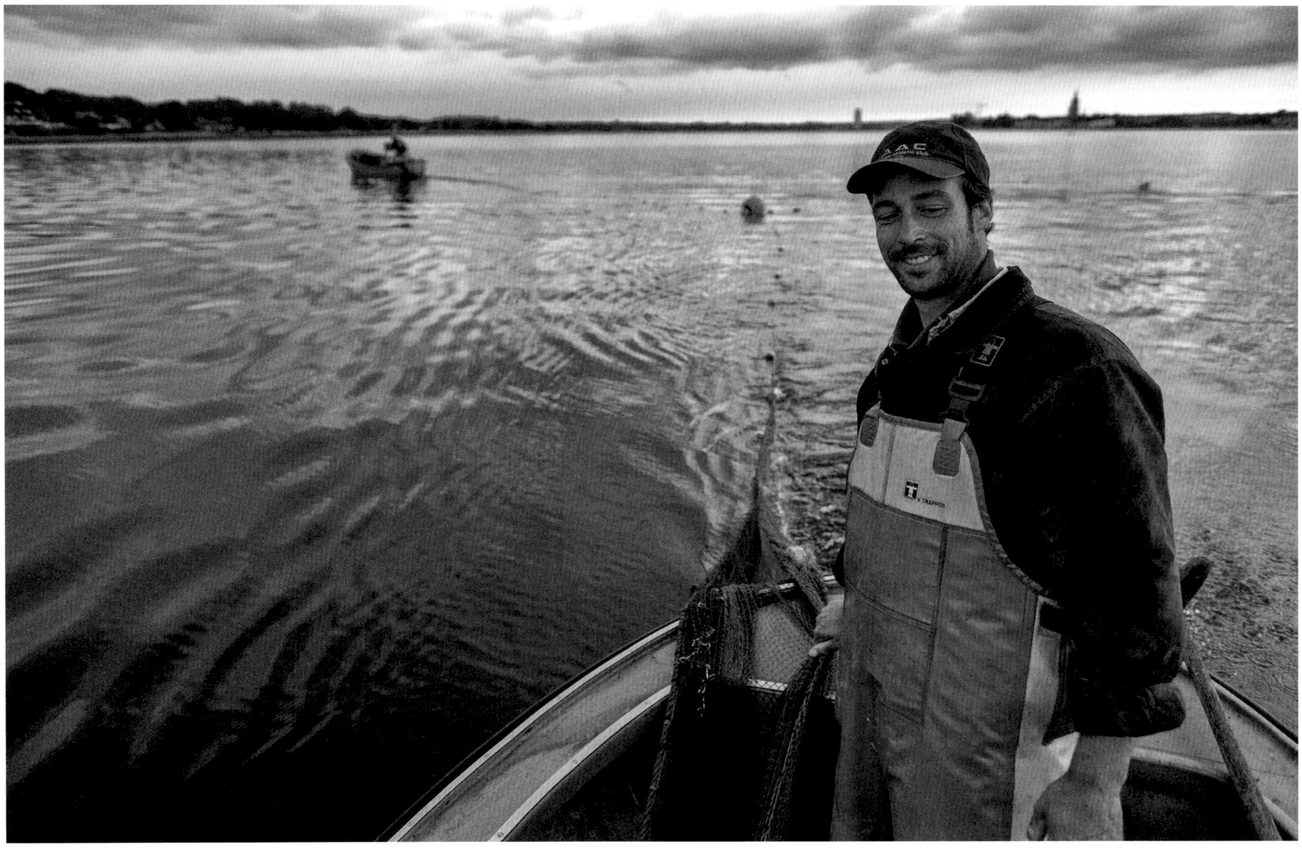

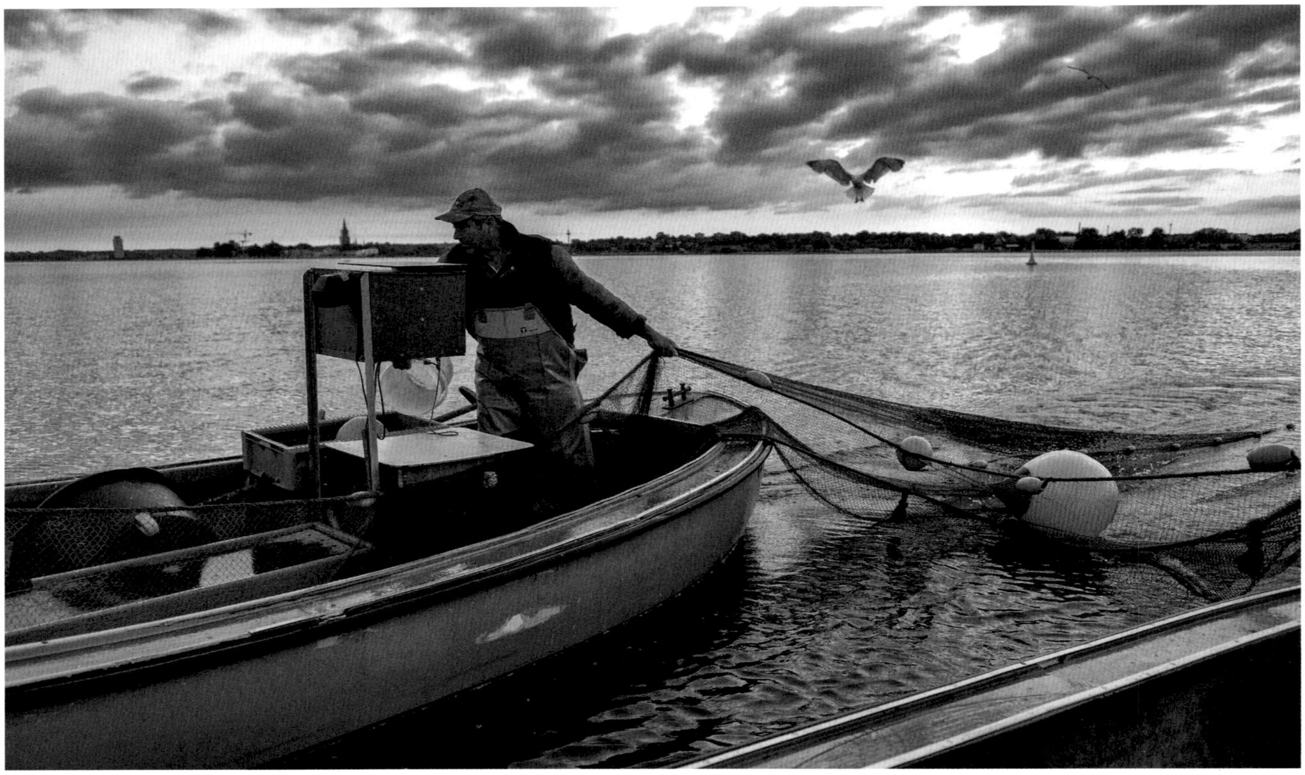

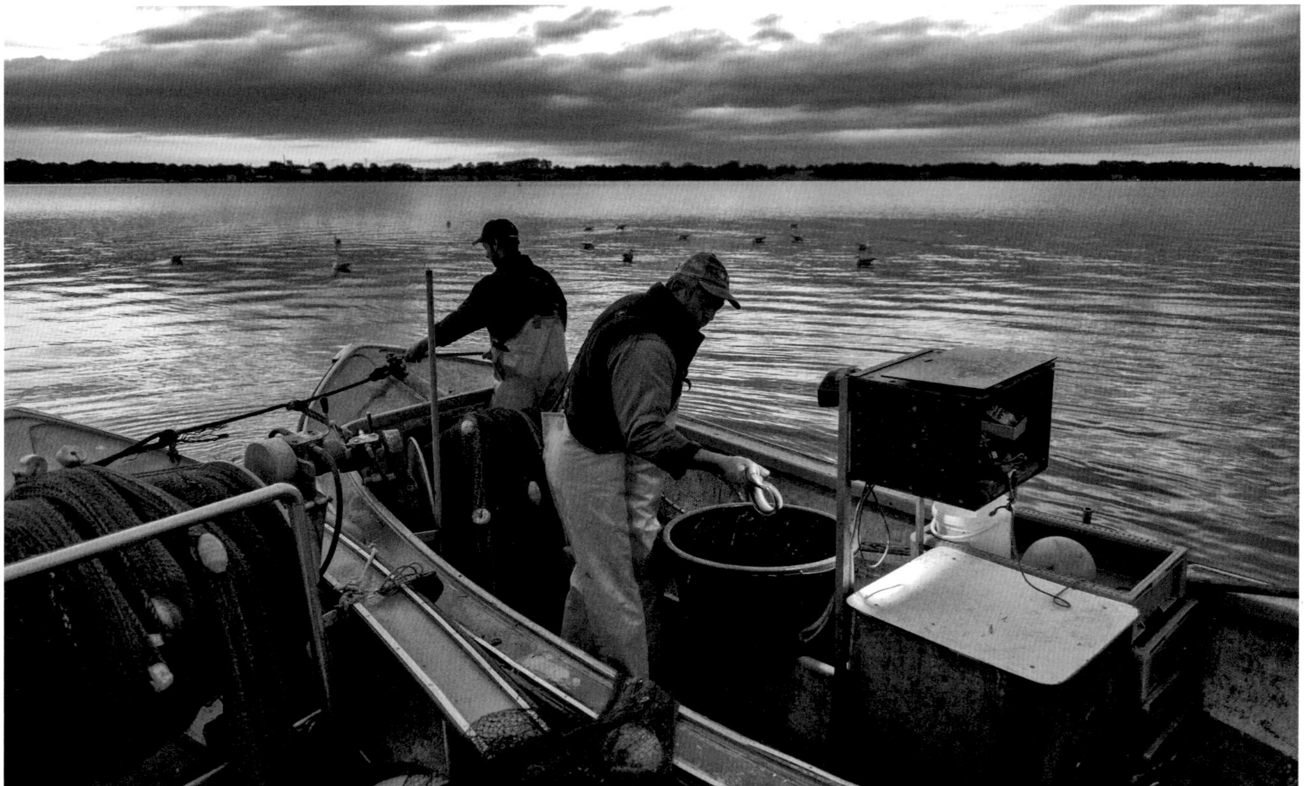

LINKS OBEN Jörn Ross beim Einholen eines Wadennetzes auf der Kleinen Breite. Trotz einer motorischen Winde an Bord sind einige Handgriffe nur mit Muskelkraft zu erledigen.

LINKS UNTEN Kurz vor Einbruch der Dunkelheit: Die Beute der ersten beiden Wadenzüge dieses Abends wird an Bord eines der beiden Boote sortiert. Jörn und Nils Ross werden die ganze Nacht durchfischen und erst im Morgengrauen zum Holm zurückkehren.

OBEN Immer am Mittwoch, Donnerstag und Freitag verkauft die Familie Ross vormittags am Schleswiger Stadthafen frischen Fisch direkt aus dem Boot. Während sich Jörn, Christian und Nils an Bord um das Ausnehmen und Säubern der Fische kümmern, ist Sabine Ross die souveräne Chefin an Land und nimmt die Bestellungen entgegen.

Christian Ross, der jüngste Fischer auf dem Holm.

Nils Ross.

Der Kutter »Schle 26« liegt im Hafen von Kappeln und damit nicht weit von der offenen Ostsee entfernt. Hier montiert Christian Ross ein neues Schleppnetz, um für künftige Fangfahrten gerüstet zu sein.

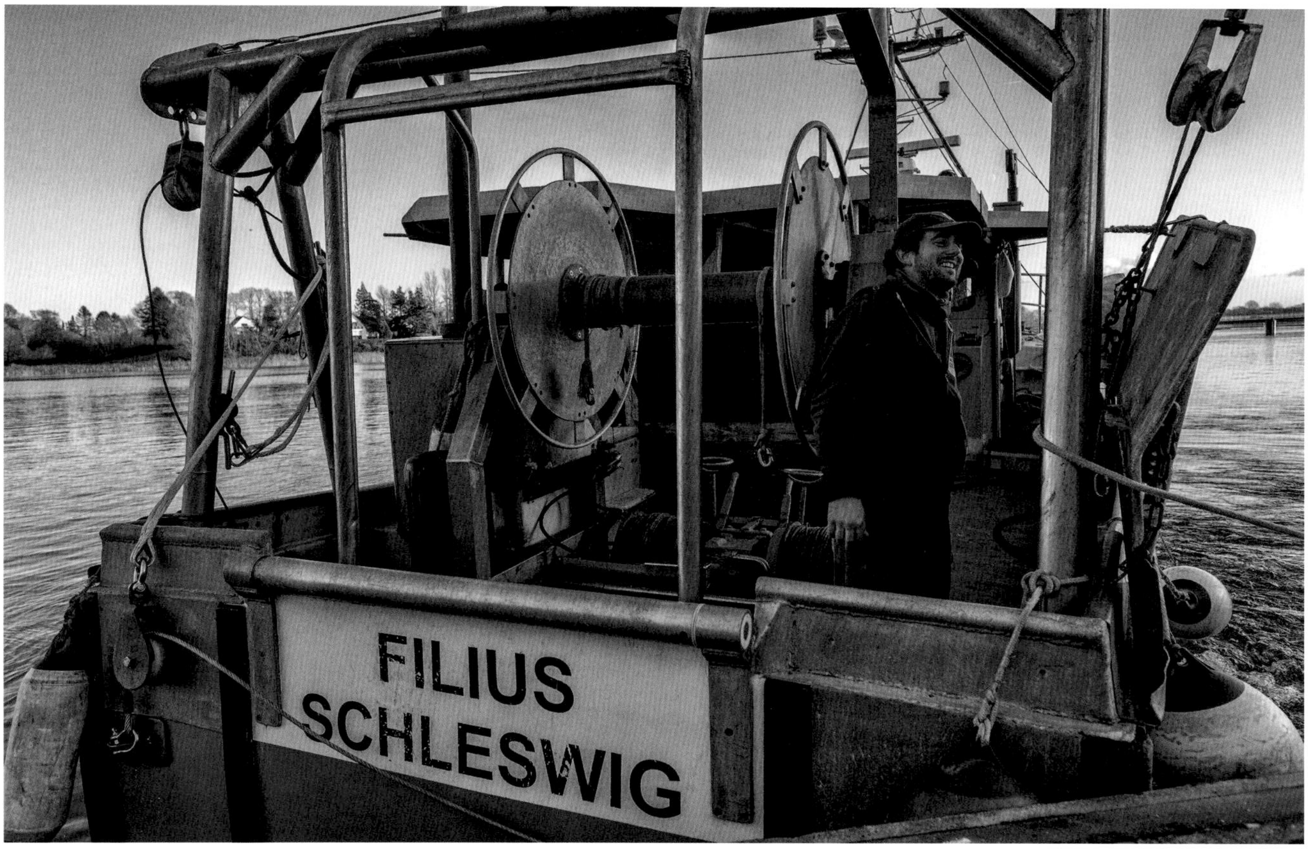
FILIUS
SCHLESWIG

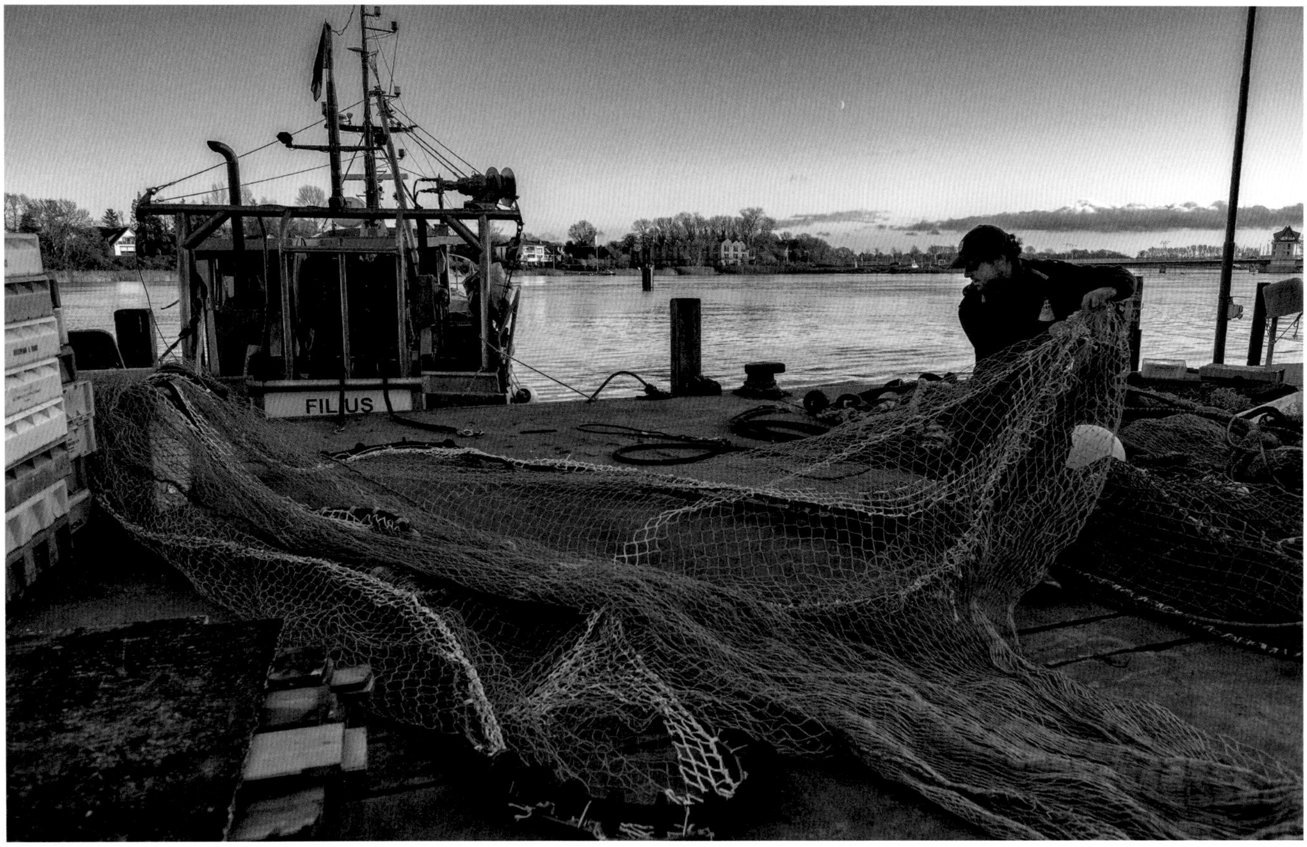
FILIUS

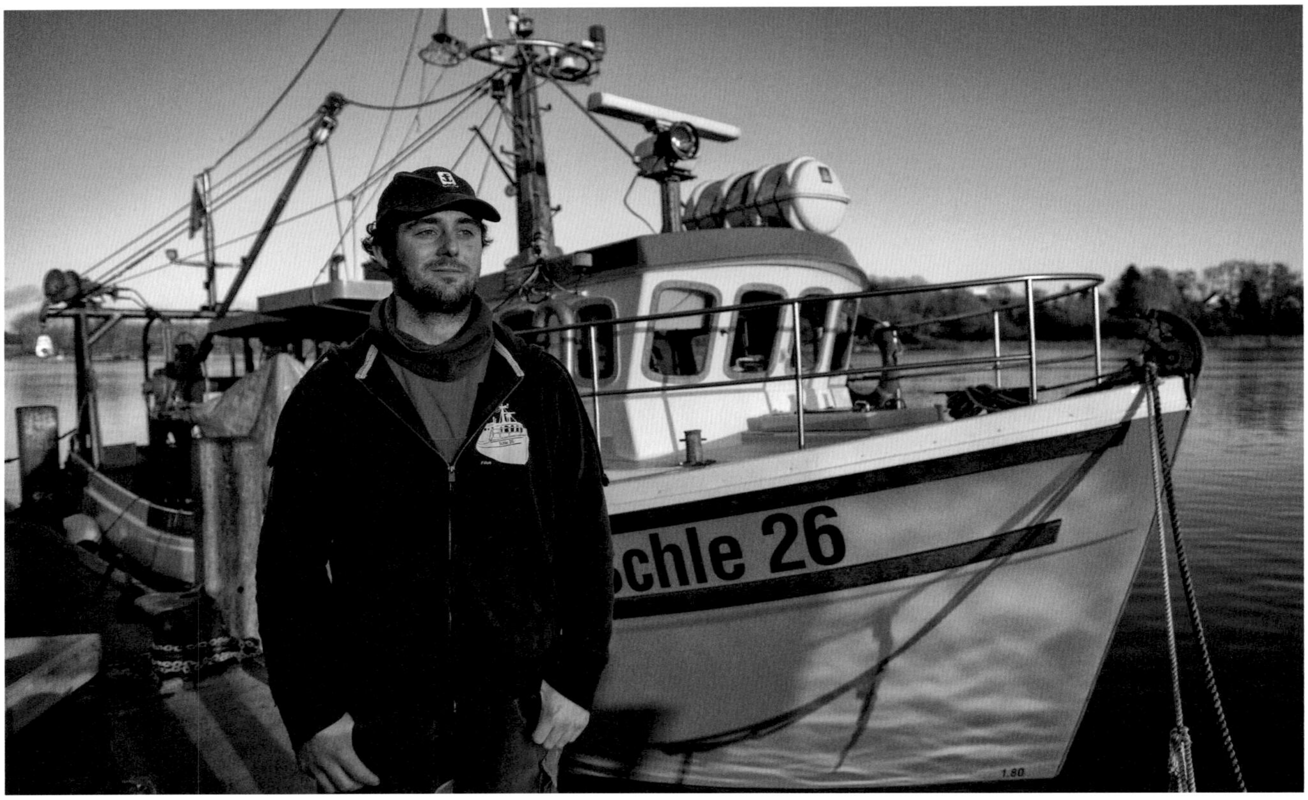
Schle 26

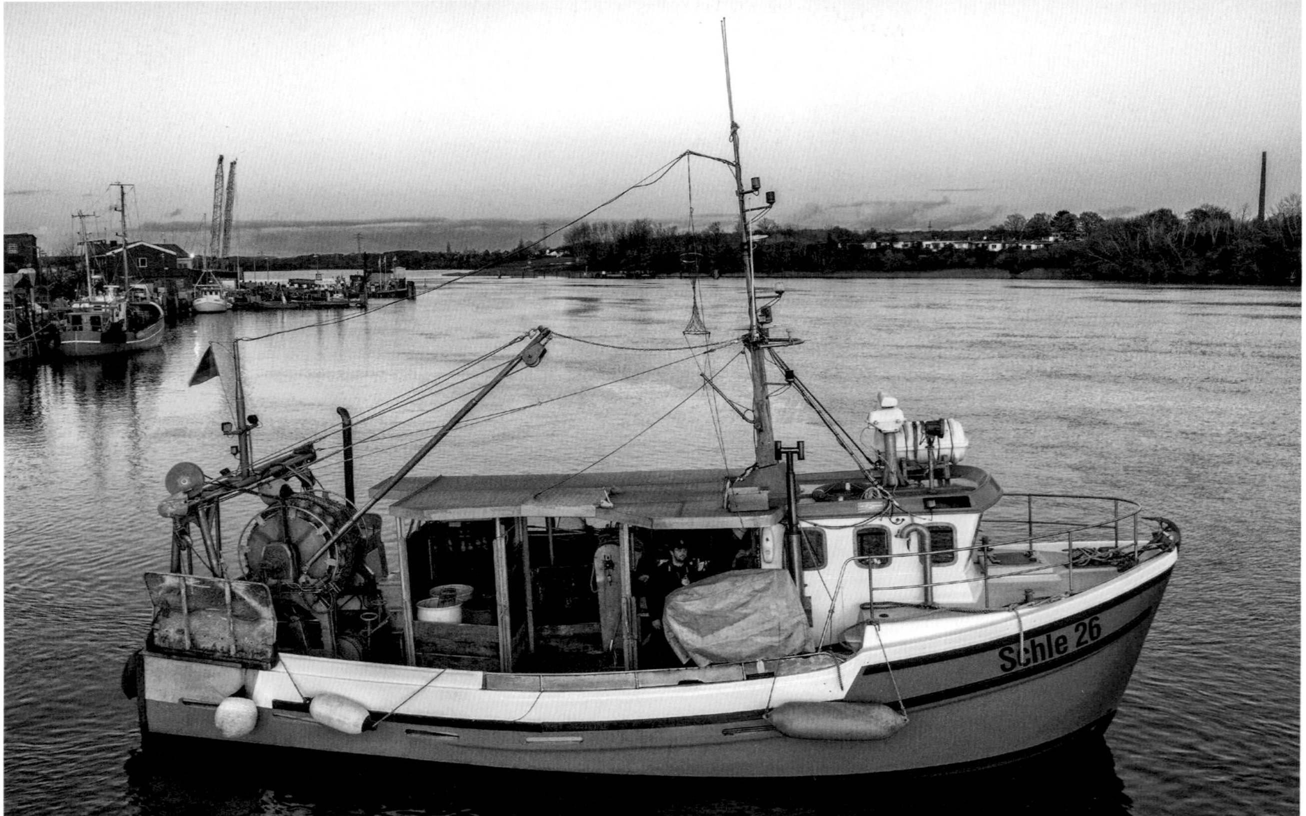
Schle 26

LINKS OBEN Arbeitsteilung: Christian Ross fischt am liebsten allein mit dem Kutter »Schle 26« auf der Ostsee, während Vater Jörn und Bruder Nils die Schlei als Revier bevorzugen.

LINKS UNTEN Nach dem Ablegen im Hafen von Kappeln: die »Schle 26« mit Christian Ross an Bord.

OBEN Das Säubern von »schietigen Netzen« ist sicher nicht der bevorzugte Teil im Arbeitsleben eines Schleifischers, muss aber regelmäßig erledigt werden. Auf diesem Bild ist Jörn Ross auf seiner Brücke am Holmer Strand in Aktion zu sehen.

JÖRG NADLER – DER HISTORISCHE FISCHER

Jörg Nadler ist der »Exot« unter den Schleswiger Fischern: Er stammt nicht vom Holm wie seine anderen Kollegen, sondern aus dem Rheinland.

Dort machte er nach seinem Abschluss als Fischwirt in der Fluss- und Seenfischerei später eine Umschulung zum Ergotherapeuten. Nach der Rückkehr in die Fischerei hatte er Probleme beim Absatz seines Fanges. So entdeckte er für sich eine »Marktlücke«: historische Veranstaltungen rund um das Thema Fischfang und Fischzubereitung, die er seit Anfang der 1990er Jahre zunächst als Laiendarsteller besuchte.

Wie verschlug es Jörg Nadler schließlich nach Schleswig? »Den Anstoß gab ein Gespräch mit Harald Ross, dem damaligen 1. Ältermann der Holmer Fischerzunft. Er lud mich ein, Mitglied zu werden. Ich kannte Harald Ross aus der museumspädagogischen Arbeit.«

Jörg Nadler folgte der Einladung, zog 2002 nach Schleswig und wurde Vollerwerbsfischer. Heute ist er einer der fünf letzten aktiven Fischer auf dem Holm.

»Ich liebe den Beruf, ich bin gerne draußen auf dem Wasser und mag es, die Veränderungen der Natur über das Jahr zu sehen«, sagt Jörg Nadler. Der schönste Teil der Schleilandschaft ist für ihn das dicht bewaldete Ostufer des Haddebyer Noores.

Jörg Nadler fischt nicht nur in der Schlei, sondern taucht auch tief in die Geschichte des Fischereihandwerks ein. Durch die Rekonstruktion und den Einsatz historischer Fanggeräte samt Zubehör rettet er alte Fischereitechnik vor dem Vergessen. Seine thematische Bandbreite ist eindrucksvoll: Sie reicht über viele Epochen – von der Steinzeit über das Mittelalter und das Barock bis zum Industriezeitalter.

Jörg Nadler besitzt mit diesem Know-how ein bundesweites Alleinstellungsmerkmal. Deshalb ist er ein gefragter Akteur bei historischen Veranstaltungen und museumspädagogischen Projekten im In- und Ausland. »Bis nach Italien bin ich schon von Museen gebucht worden«, berichtet er stolz.

Fischer als Haupttätigkeit und historisches Fischereihandwerk in Aktion als zweites berufliches Standbein – das ist das spannende Profil von Jörg Nadler. Könnte diese Kombination ein Modell für die Zukunft der Fischer auf der Schlei sein?

Jörg Nadler im Gewand eines Barockfischers mit einem Hecht aus der Kleinen Breite der Schlei. Auch das Vorkommen an Hechten – ein früher häufiger Fang der Holmer Fischer – ist durch die Kormoran-Überpopulation stark zurückgegangen. Gleiches gilt für den inzwischen noch selteneren Zander.

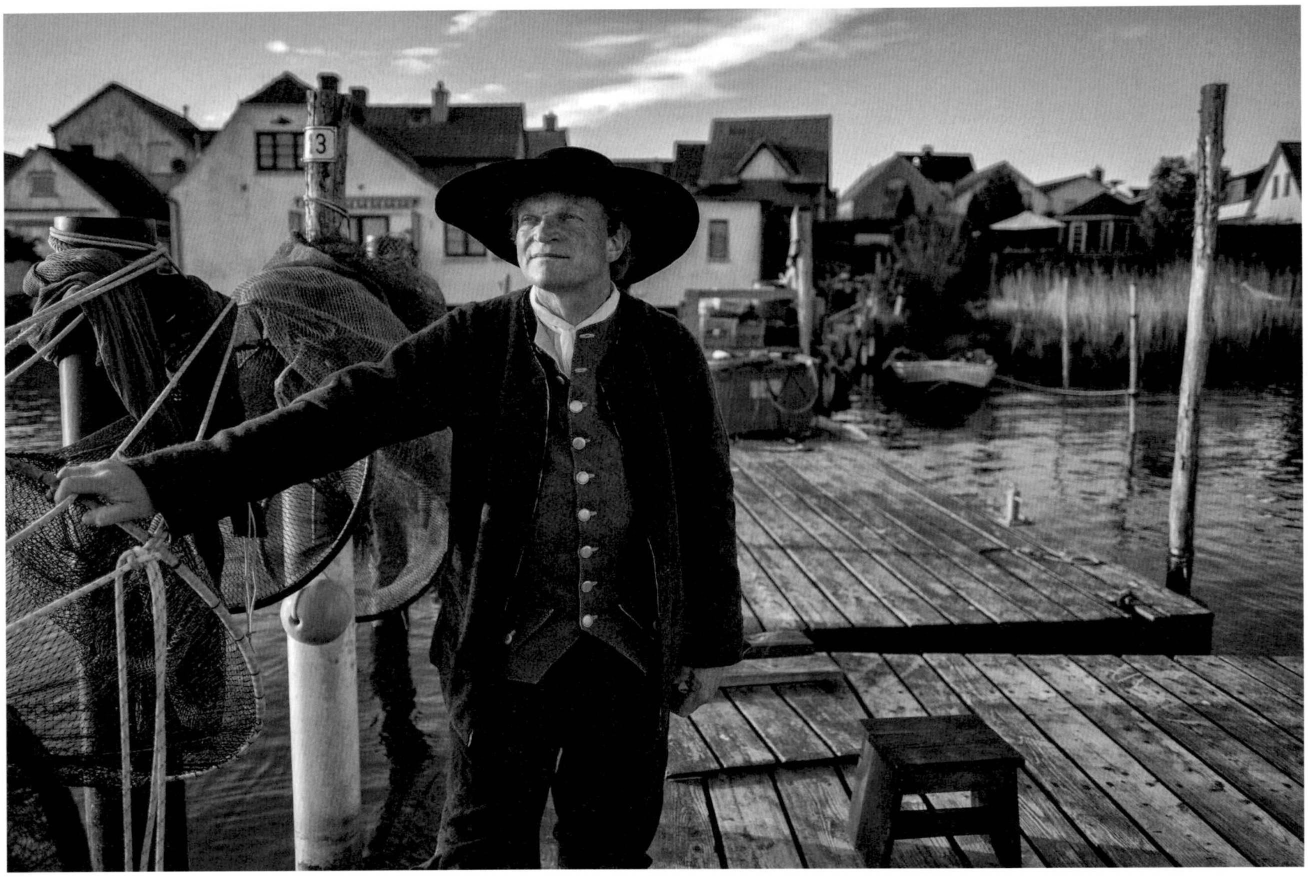

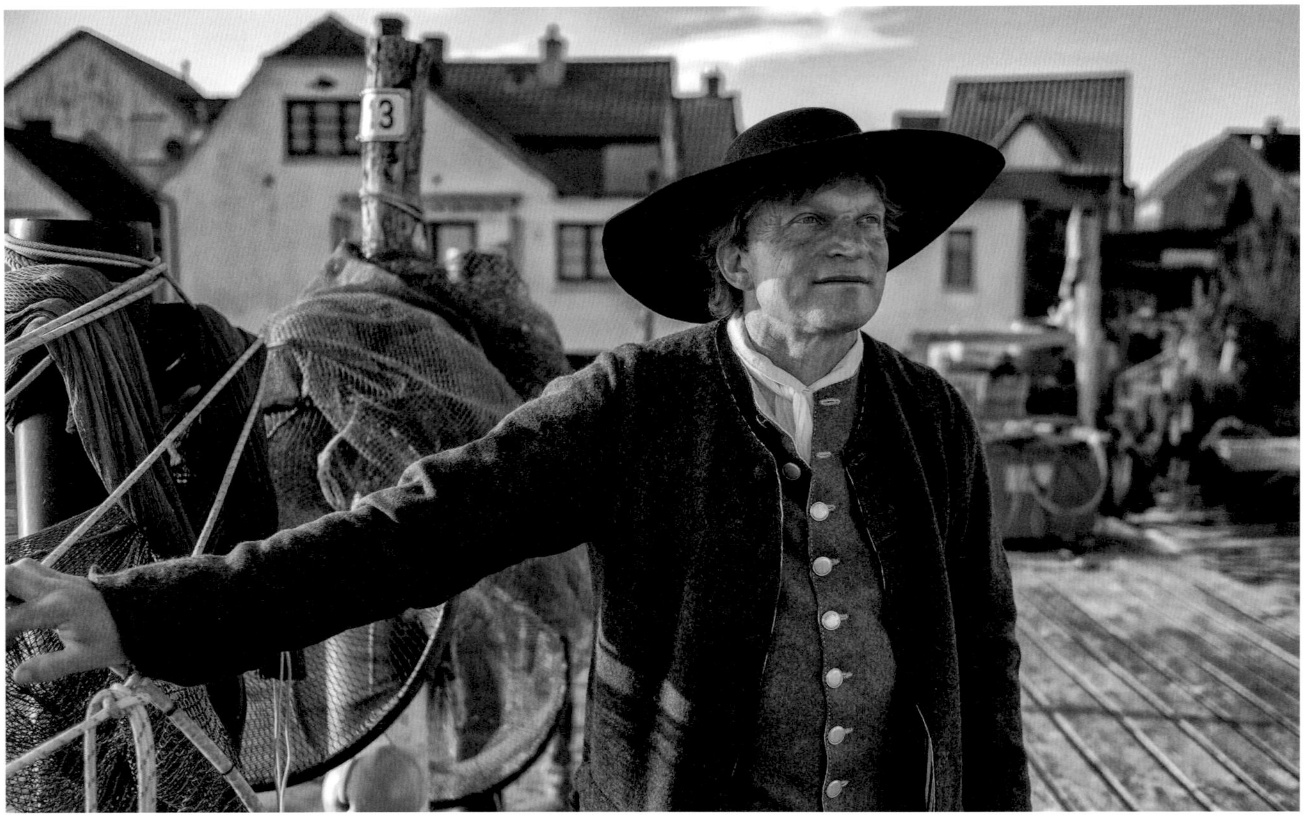

LINKS Jörg Nadler ist der Experte für die Geschichte des Fischfangs und historische Ausrüstungen. Hier präsentiert er sich als Fischer der Barockzeit auf seiner Brücke am Ufer des Holms …

OBEN … und auf diesem Bild mit einem Aalstecher aus früheren Zeiten.

OBEN Jörg Nadler in historischer Bekleidung auf der Kleinen Breite der Schlei.

RECHTS OBEN Ein Schleischnäpel in den Händen von Jörg Nadler. Dieser seltene Fisch ist eine mit Forelle und Maräne verwandte Salmonidenart, die vor einigen Jahrzehnten aufgrund der damals extrem schlechten Wasserqualität in ihrem Heimatgewässer ausgestorben war. Durch Besatzmaßnahmen konnte ein beachtlicher neuer Bestand geschaffen werden, den jedoch Kormorane inzwischen dezimiert haben.

RECHTS UNTEN Der Karpfen ist das Symbol der Holmer Fischerzunft und schmückt auch das Haus von Jörg Nadler in der Süderholmstraße.

131

Nostalgische Impressionen mit Jörg Nadler als Akteur: So wie auf diesen Bildern wird es vor 300 Jahren ausgesehen haben, wenn Holmer Fischer in ihrem Kahn allein auf der Schlei unterwegs waren.

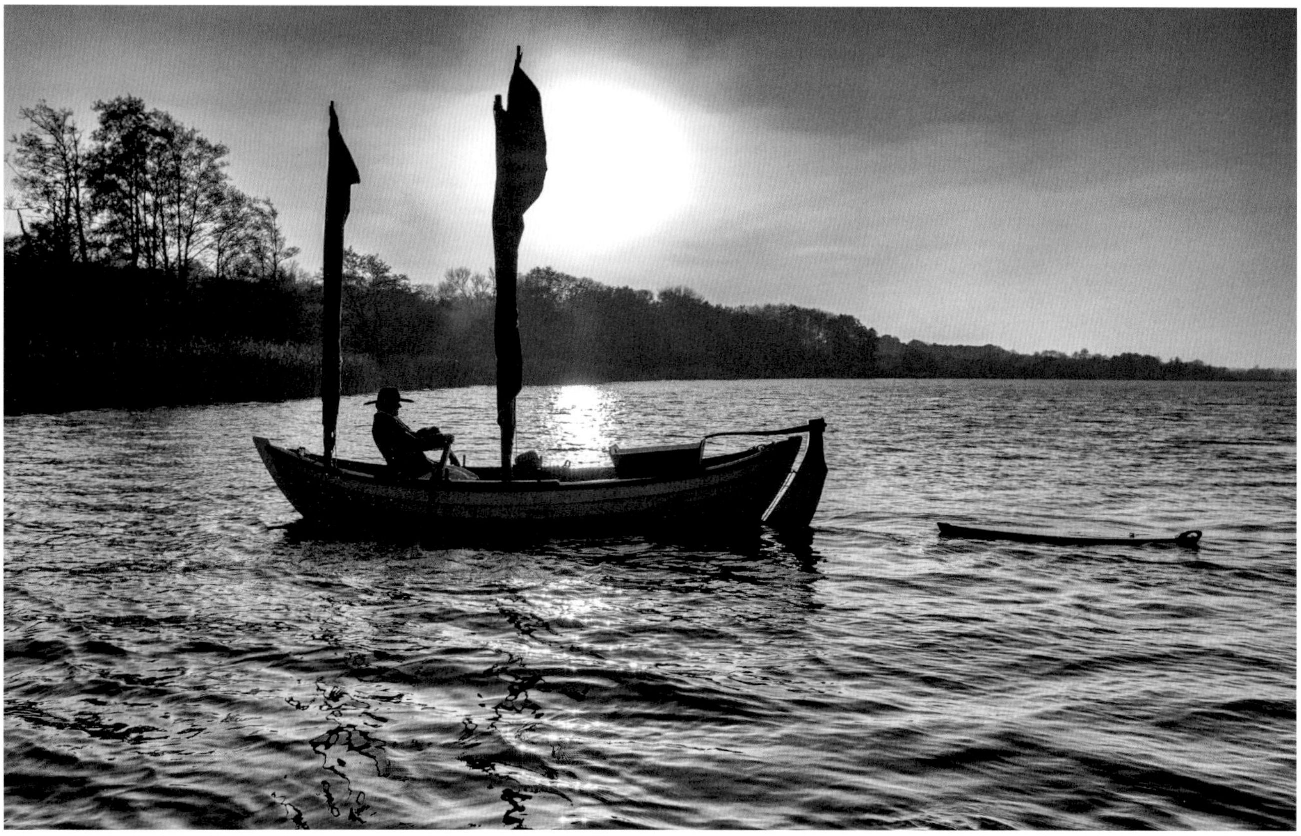

NACHWORT

Ich erinnere mich noch genau an jenen Tag Anfang 2019, als ich den Fischer Matthias Nanz bei einem Gang über den Schleswiger Holm nach langer Zeit wiedersah. Wir kennen uns seit über drei Jahrzehnten. Damals, Ende der 1980er Jahre, arbeitete ich an einem Buch mit eigenen Bildern und Texten über Schleswig in Geschichte und Gegenwart. Natürlich durfte der Holm in dieser Publikation nicht fehlen, und so war ich froh, dass ich Matthias Nanz und seinen Vater Adolf, genannt Addelei, bei einigen Fangfahrten auf der Schlei begleiten und fotografieren durfte. Die gleiche großzügige Unterstützung gewährten mir Harald Ross als damaliger 1. Ältermann der Holmer Fischerzunft und sein Sohn Jörn.

Schon zu dieser Zeit war die Welt der Fischer in der kleinen Siedlung am Ostrand von Schleswig nicht mehr in Ordnung. Die Überdüngung der Schlei, eine wachsende Kormoranpopulation und das Aussterben einer ganzen Fischart – des Schleischnäpels – waren unübersehbare bedrohliche Zeichen für die Zukunft der Fischerei an diesem Meeresarm der Ostsee.

Und doch herrschte seinerzeit unter den 17 Fischern vom Holm Optimismus: »In der Schlei sind heutzutage so viele Fische, dass wir sie gar nicht alle fangen können«, erklärte Harald Ross. »Es könnten sogar gut vier bis fünf Fischer mehr auf dem Holm sein«, ergänzte er.

Diese damalige Zuversicht erfüllte sich indes nicht. Nur noch fünf Aktive sind heute neben drei Senioren in der Holmer Fischerzunft registriert. Und mehr denn je kämpfen diese wenigen Haupterwerbsfischer um ihre Existenz. Zwar mag sich die Wasserqualität verbessert haben, aber die Nährstoffeinträge sind nach wie vor zu hoch, um der Schlei das Gütesiegel »gesundes Gewässer« verleihen zu können.

Als neue, vor 30 Jahren kaum vorhersehbare Gefahr bedroht zudem der Klimawandel das komplexe, einzigartige Ökosystem der Schlei – und damit auch die Fischerei. Das massenhafte Auftauchen gefährlicher invasiver Arten wie Rippenquallen und Schwarzmundgrundeln ist Teil dieses unheilvollen Prozesses. Und dann gibt es – mehr denn je – die »schwarze Pest«, wie manche Fischer die Kormorane nicht eben liebevoll bezeichnen.

»Da sind im Moment unfassbare viele schwarze Vögel unterwegs«, berichtete Matthias Nanz, als wir bei unserem Wiedersehen Anfang 2019 über dieses Thema sprachen. »Du musst dir einmal meine Heringsfänge ansehen und fotografieren, was die Kormorane für ein Massaker unter den Fischen anrichten.«

Ich sagte zu, mit der Kamera vorbeizuschauen – nicht ahnend, dass sich der punktuelle Blick auf diesen Problemfall mit Matthias Nanz als Betroffenem zur umfassendsten Bilddokumentation über die Fischer vom Holm in der Gegenwart ausweiten würde.

Meine Langzeit-Reportage begann im Frühjahr 2019 und endete im Winter 2020. Weit über 10 000 Aufnahmen sind in diesem Zeitraum entstanden. Die Fotografien beleuchten nahezu alle aktuellen Aspekte der Holmer Fischerei auf der Schlei, in Ausschnitten aber auch das Fischerleben an Land.

Dabei habe ich – bei allem Bemühen um Objektivität – stets versucht, mich in die Welt der Fischer hineinzuversetzen und diesen Kosmos wie einer von ihnen durch den Sucher meiner Kamera zu betrachten. Dadurch, so hoffe ich, wird neben der oft extremen Härte dieses Berufs auch dessen andere, entspannte Seite sichtbar – so wie es Matthias Nanz kürzlich einmal formulierte: »Das Schönste ist das Alleinsein auf dem Wasser.«

Die Fotografien zeigen die Würde, den Stolz und die Willenskraft der fünf verbliebenen aktiven Fischer vom Holm in ihrem Kampf um die Existenz. Sind sie die letzten Vertreter ihrer Art?

Vielleicht reicht die Zeit, um eine Wende einzuleiten und das Überleben der Fischerei an der Schlei zu sichern.

Die Zukunft wird es zeigen.

Mein Dank gilt den Fischern vom Holm und ihren Familien für die positive Begleitung und geduldige Unterstützung des Projektes.

Ebenso danke ich allen, die das Vorhaben und diese Veröffentlichung ermöglicht haben, an erster Stelle der Sparkassenstiftung Schleswig-Holstein und ihrem Geschäftsführer Dr. Bernd Brandes-Druba sowie dem Schirmherrn, Herrn Minister Jan Philipp Albrecht im Ministerium für Energiewende, Landwirtschaft, Umwelt, Natur und Digitalisierung des Landes Schleswig-Holstein.

Ganz besonders danken möchte ich Hans Christian Green, Sprecher der Arbeitsgruppe Fischerei in der AktivRegion Schlei-Ostsee, für sein unermüdliches Engagement. Ohne seine Fürsprache hätte das Projekt nicht in diesem Umfang verwirklicht werden können.

Und schließlich gebührt dem Präsidium des Fotoclubs Schleswig e. V. großer Dank für die Bereitschaft, die Ausstellung mit Fotografien aus meiner Bilddokumentation gemeinsam mit der Sparkassenstiftung Schleswig-Holstein auszurichten.

Holger Rüdel

BIOGRAPHISCHE ANGABEN

Jan Philipp Albrecht

Geboren 1982 in Braunschweig, lebt in Kiel.
Studium der Rechtswissenschaften in Bremen mit Erasmus-Semester in Brüssel. Von 2009 bis 2018 als Mitglied des Europäischen Parlaments für Schleswig-Holstein, Hamburg und Niedersachsen tätig. Seit dem 1. September 2018 Minister für Energiewende, Landwirtschaft, Umwelt, Natur und Digitalisierung des Landes Schleswig-Holstein.

Dr. phil. Bernd Brandes-Druba M.A., DGPh

Geboren 1960 in Celle, lebt in Kiel.
Studium der Klassischen Archäologie, Kunstgeschichte und Geschichte. Arbeitete von 1993 bis 1995 auf Schloss Gottorf an der Schlei. Geschäftsführer der Sparkassenstiftung Schleswig-Holstein, Kiel.

Dr. phil. Anke Carstens-Richter

Geboren 1941 in Lübeck, lebt seit 1989 auf dem Holm in Schleswig.
Kunsthistorikerin und Kulturjournalistin. Veröffentlichungen u.a. in: »Ulrich Mack: Der Holm – ein Familienalbum«, 1993. Langjährige Dozentin für Kunst und Kultur an der FH Kiel, Volkshochschulen und der Akademie Sankelmark.

Dr. rer. nat. Svend Duggen, Dipl. Geol.

Geboren 1969 in Schleswig, lebt in Fahrdorf bei Schleswig.
Geowissenschaftler und seit 2009 Gymnasiallehrer für Chemie und Geographie an der A.P. Møller Skolen in Schleswig.
Studium der Chemie und Geowissenschaften an der Christian-Albrechts-Universität zu Kiel. Promotion am Meeresforschungsinstitut GEOMAR. Forschungs- und Lehrtätigkeiten am Royal Holloway College der Universität London und an der Universität Kopenhagen. Publikationen in international renommierten Fachzeitschriften sowie Leitung von Schiffsexpeditionen und einer Forschungsgruppe.
Autor von Vorträgen, Artikeln sowie einer zweisprachigen Unterrichts- und Informationsplattform zur Schlei (www.apmsnaturvidenskab.wordpress.com).

Dr. phil. Holger Rüdel M.A., DGPh

Geboren 1951 in Schleswig, lebt in Selk bei Schleswig.
Studium der Geschichte, Kunstgeschichte und Fotografie in Hamburg.
Von 1985 bis 2016 Direktor des Stadtmuseums und Leiter des Kulturamtes der Stadt Schleswig. Seit 2017 freischaffend tätig als Fotograf, Kurator für Fotografie und Publizist.
Veröffentlichungen zur Geschichte des deutschen Kaiserreichs, zur Regionalgeschichte Hamburgs und Schleswig-Holsteins sowie über Schleswig in Geschichte und Gegenwart, zum Teil mit eigenen Fotografien.

Foto: © Henrik Matzen

Oliver Stolz

Geboren 1966 in Pinneberg. Von 2010 bis 2020 Landrat des Kreises Pinneberg. Studium der Verwaltungswissenschaften an der Fachhochschule für Verwaltung und Dienstleistung Altenholz. Seit 2021 Präsident des Sparkassen- und Giroverbandes für Schleswig und Ratsvorsitzender der Sparkassenstiftung Schleswig-Holstein, Kiel.

FÖRDERER

FOTOCLUB SCHLESWIG

WIKINGERSTADT SCHLESWIG

VEREIN ZUR FÖRDERUNG DES STADTMUSEUMS SCHLESWIG E.V.

Nord-Ostsee Sparkasse

Finanzgruppe Sparkassenstiftung Schleswig-Holstein

KULTURFÖRDERUNG KULTURSTIFTUNG DES KREISES SCHLESWIG-FLENSBURG

Wir fördern Fischerei und Aquakultur
EU.SH
Landesprogramm Fischerei und Aquakultur:
Gefördert durch die Europäische Union,
Europäischer Meeres- und Fischereifonds (EMFF),
den Bund und das Land Schleswig-Holstein

Herausgegeben von der Sparkassenstiftung Schleswig-Holstein

Fotograf aller Abbildungen, einschließlich der zeitgeschichtlichen Holm-Aufnahmen, sofern nicht anders gekennzeichnet, sowie Autor aller Bildlegenden und Kapiteleinführungen ist Holger Rüdel.

FSC® MIX Papier aus verantwortungsvollen Quellen FSC® C009051

2. Auflage 2021

© 2021 Wachholtz Verlag, Kiel/Hamburg

Das Werk, einschließlich aller seiner Teile, ist urheberrechtlich geschützt. Jede Verwertung ist ohne Zustimmung des Verlages unzulässig. Das gilt insbesondere für Vervielfältigungen, Übersetzungen, Mikroverfilmungen und die Einspeicherung und Verarbeitung in elektronischen Systemen.

ISBN 978-3-529-05063-3

Gesamtherstellung: Wachholtz Verlag
Umschlaggestaltung: www.b3k-design.de, Hamburg
Umschlagabbildungen: Holger Rüdel
Karte auf S. 10–11: Atelier Bokelmann, Schleswig
Layout und Satz: Jeanette Frieberg, Buchgestaltung | Mediendesign, Leipzig

Printed in Germany

Besuchen Sie uns im Internet unter:
www.wachholtz-verlag.de